プログラムの不思議を解く

実力派プログラマのための教養としてのアセンブラ入門

日向俊二●著

■ **本書の内容に関するご質問について**

本書の内容についてのご質問は、下記事項を明記の上郵送または E-mail にてお願いいたします（電話ではお受けしておりません）。

- 書名『プログラムの不思議を解く』第○版第○刷
- 掲載箇所（例：「○ページの○行目」など）
- 実行環境（例：「Windows 10 Pro 64 ビット版」など）
- コンパイラ（例：「gcc バージョン 5.1」など）
- ご質問の内容

宛先　　〒169-0073 東京都新宿区百人町 4-9-7 新宿ユーエストビル 8 階
　　　　株式会社カットシステム出版部
E-mail　sales@cutt.co.jp

ご質問の内容は出版社から著者に転送し、回答が得られてから質問者様に返信いたします。そのため、返信までに時間がかかる場合があることを予めご了承ください。
なお、本書の記述内容を超えるご質問や、特定の環境、特定の実行条件に関連するご質問については、著者および出版社ではお答えいたしかねます。

本書で取り上げられているシステム名／製品名は、一般に開発各社の登録商標／商品名です。本書では、™ および ® マークは明記していません。本書に掲載されている団体／商品に対して、その商標権を侵害する意図は一切ありません。本書で紹介している URL や各サイトの内容は変更される場合があります。

はじめに

　最近は義務教育でもプログラムに触れるようになってきました。プログラミング言語の種類にかかわらず、簡単な英単語がわかれば理解できるものがプログラムです。例えば、ifやfor、whileといったキーワードを使ったプログラムを一度は作ったことがあるでしょう。

　しかし、実は、コンピュータの心臓部であるCPUは、ifやfor、whileという単語を理解できません。また、「c = a + b」という単純な式さえCPUはそのままでは実行することができません。CPUができることはとても単純な作業だけです。

　本書では、C言語とアセンブラを使ってプログラムが実際にCPUでどのように動くのかということを解明します。わかりやすいという理由で本書ではC言語を使いますが、ここで説明することはどのようなプログラミング言語でも基本的には同じです。本書を読むにあたって、C言語の基本的知識は必要です。しかし、C言語でプログラムを作ることが本書の目的ではないので、たとえC言語について知らなくても、他のプログラミング言語に精通していれば、本書に掲載するC言語のプログラムは容易に理解できるでしょう。ですから、HTMLからJava、Visual Basic、C++などなど、他の言語を使っている場合でも本書は大いに役立つでしょう。

　本書を読むことで、プログラムが実際にCPUでどのように動くかということだけでなく、最も基本的な要素であるアセンブラにも親しむことができます。実際の日常のプログラミングでアセンブラを使うことはほとんどないかもしれませんが、アセンブラでどのようなことが行われているのか、ということ、言いかえればコンピュータの中で何が起きているのか、ということを理解しておくことはとても重要です。また、デバッグや最適化などで、アセンブラの知識が必要になったときに、本書の知識は大いに役立つことでしょう。

　本書を活用してプログラマとしての教養を高め、より困難な課題に楽に楽しく取り組めるようになることを祈っています。

2016年夏　日向俊二

■本書の表記

>   Windows系のマシンの「コマンドプロンプト」ウィンドウのプロンプトを表します。

$ UNIX系OS（Linux、Mac OS Xなど）のコンソールのコマンドプロンプトを表します。

本文の補足説明です。

関連するコラムです。

■ご注意

- C言語とその処理・実行環境は完全には標準化されていません。コンパイラや環境によっては本書の記述と異なる場合があります。

- 本書の内容については正確な記述に努めましたが、著者・編集者および出版社は、本書の内容およびサンプルプログラムに対してなんら保証をするものではなく、また本書の内容およびサンプルプログラムによるいかなる運用結果についても、一切の責任を負いません。

目次

はじめに iii

プロローグ 1

■ 第1章　計算式 9

1.1　はじめの1歩 10
　　足し算のC言語プログラム 10
　　コンパイルと実行 14
　　アセンブラ 14
　　アセンブラの種類 16
　　アセンブリコードの生成 17
　　アセンブリコードの内容 19
　　レジスタ 24
　　メモリ 29
　　不要なコード 30

1.2　引き算 32
　　引き算のプログラム 32
　　引き算のアセンブリコード 33

1.3　掛け算と割り算 37
　　掛け算と割り算のプログラム 37
　　掛け算と割り算のアセンブリコード 38

1.4　実数の計算 43
　　実数の演算 43
　　足し算と引き算のプログラム 44
　　掛け算と割り算のプログラム 49
　　FPUを使うコード 53

■ 第2章　条件分岐 59

2.1　if文 60
　　単純なif文 60
　　if～else...文 64
　　実数の条件式 68

2.2 switch 文 75
単純な switch 文 75
default の処理 79

■ 第 3 章　ループ 83

3.1 while ループ 84
単純な while ループ 84
do 〜 while 88
while のブレーク 91

3.2 for ループ 95
典型的な for ループ 95
複数の制御変数 100
for の無限ループ 104

■ 第 4 章　データとデータ構造 109

4.1 配列 110
文字の配列 110
実数配列 115

4.2 ポインタ 123
ポインタを使うプログラム 123
配列とポインタ変数の宣言 125
ポインタ変数 127

4.3 構造体 128
構造体を使うプログラム 128
構造体のデータ 132

4.4 共用体 134
共用体のプログラム 134
共用体の値 137

■ 第 5 章　関数呼び出し 139

5.1 関数 140
関数を使うプログラム 140
呼び出される関数 143
関数の呼び出し 145

5.2 文字列とポインタの引数 147
文字列の引数 147
さまざまな引数 152

5.3 関数 main() 158
main の引数 158
引数のない main() 163

■ 第6章　さまざまな話題 167

6.1 レジスタ変数 168
通常のプログラム 168
レジスタ変数を使うプログラム 171

6.2 マクロ 174
マクロを使うプログラム 174

6.3 シフトとローテート 177
シフト 177
ローテート 180

6.4 冗長なコード 183
冗長なプログラム 183
簡潔なプログラム 186

6.5 C言語プログラムとアセンブラ 190
インラインアセンブラ 190
アセンブラの関数モジュール 191

エピローグ 195

■ 付録 199

付録A　GAS リファレンス 200
付録B　gcc と g++ 259

索　引 263

プロローグ

　昔々、その昔、オフィスや普通の個人、そして多くのプログラム開発者が使っていたシステムは、CPU（Central Processing Unit、中央演算処理装置、プロセッサともいう）が 8 ビットや 16 ビットで、シングルユーザー・シングルタスクの OS（Operating System）でした。その頃、コンピュータの世界はとても平和で、複数のプログラムが CPU やメモリを奪い合うというようなことはなく、プログラムが暴走したとしても（他のプログラムは動いていないので）システムをリセットすれば済む話でした。

　時を経て、現在の状況はといえば、一部のきわめて単純な組込みシステムなどを除いて、システムはとても複雑になっています。同時に複数のプログラムが動いているのは当たり前、そのおかげでシステムが複数の作業を行うのは普通のことになりました。そして、プログラマは、Web ブラウザで必要な情報を調べて、音楽を聴きハンバーガーをかじりながら開発ツールを使ってプログラムを作る合間に、来たメールに返信することもごく普通にできるようになりました。

　これはおそらく良いことなのでしょう。しかし、そのおかげで、単純だった話が単純では済まなくなったというのも事実です。

　例えば、文字を出力するというごくごく単純なプログラムを、C 言語で考えてみます。

リスト1●文字を出力するプログラム（C言語）

```c
#include <stdio.h>

int main (int argc, char *argv[])
{
    putchar('X');
    return 0;
}
```

この何の変哲もないプログラムは、putchar()という関数を使って文字「X」を出力します（C言語を知らない読者は、putchar()の前後のコードは、これがプログラムとして動くために最低限必要なお決まりの手続きであると考えてください）。そして、このプログラムは、現在のマルチタスク64ビットマシンでも、20世紀の8ビットマシンでも、コンパイルして実行することができます。

　しかし、20世紀の8ビットマシンの内部で行われることと、現在のマルチタスク64ビットマシンの内部で行われることは全く違います。

　コンピュータの内部で行われていることを知るには、プログラムをアセンブラ（アセンブリ言語プログラム）に置き換えてみる方法がわかりやすいでしょう。アセンブラの命令は、CPUが実際に実行する命令にほぼ対応しています（マクロなど1対1で対応していないこともあります）。

　20世紀の8ビットマシンの内部で行われることを、当時のアセンブラ（アセンブリ言語）で書いてみると次のようになります（リストの後でコードの意味を説明しますが、なんとなく理解するだけで十分です）。

リスト2●文字を出力するプログラム（DOS）

```
    mov    ah,02     ; 1文字出力を指定
    mov    dl,58h    ; 文字Xを指定
    int    21h       ; 文字列を出力する

    mov    ah,4Ch    ; プログラム終了を指定
    mov    al,0      ; 戻り値を指定
    int    21h       ; プログラムを終了する
```

　これは、文字を1文字表示するDOS（またはWindowsのコマンドプロンプトで実行する）プログラムの例です。表示する文字は「X」という文字です（ただし、現在の64ビットWindowsでは実行できません）。

　「;」より右はコメントです。「mov ah,02」は、2という値をCPUの中にあるahという場所に転送する（move）という命令です（値の移動は、アセンブラの世界では「転

送する」といいます）。これで「1文字出力する」というこれから使う機能を指定しています。

　次の「mov dl,58h」は、58hという値（Xの文字コード）をCPUの中にあるdlという場所に転送する（move）という命令です。これで出力する文字としてXを指定したことになります。

　そして、「int 21h」は、あらかじめ指定したこと（Xを文字として1文字出力する）を実行する（OSの機能を呼び出す命令を実行する）ようにCPUに要求するもので、これで文字列が出力されます。

　最後の3行はプログラムを終了するためのお決まりの手続きですから、プログラムを終了するときはこうするものだと認識しておけば十分です。

　ここで重要なのは、movとかintのような命令は、まさにCPUが実際に実行していることを表しているということ、そして、アセンブラなるものを見るとCPUが実際に実行していることがわかるということです。

　さて、次に、現代のWindowsのコマンドプロンプトで文字「X」を出力するアセンブラを考えてみましょう。

　例えば、次のようになります。

リスト3●文字を出力するプログラム（Windows）

```
    .globl  main
    .def    main;   .scl    2;   .type   32;   .endef
    .seh_proc   main
main:
    pushq   %rbp
    .seh_pushreg    %rbp
    movq    %rsp, %rbp
    .seh_setframe   %rbp, 0
    subq    $32, %rsp
    .seh_stackalloc 32
    .seh_endprologue
    call    __main
    movl    $88, %ecx
```

```
        call    putchar
        movl    $0, %eax
        addq    $32, %rsp
        popq    %rbp
        ret
        .seh_endproc
```

なんだかぜんぜんわからない、という人でも、前の DOS のプログラムと比べたらずいぶん長い、とか、ただ「X」と出力するだけなのに長すぎだろ！とか思ったかもしれません。

そうなんです、やたら長いんです。その理由は、C 言語の関数 putchar() を使うためと、保護されたマルチタスク OS 上で異常事態が発生してもシステム全体が停止しないようなメカニズムを使うための準備が必要だからです（前に示した DOS のアセンブラプログラムでは、システムは保護されません）。

難しいことは後のほうで理解することにして、ここでは、文字を出力することに直接関係あることに限りましょう。ここで必要なのは、このプログラムのほぼ真ん中にある「call __main」の後の次の 2 行だけです。

```
        movl    $88, %ecx
        call    putchar
```

$88 は 10 進数の数値を表しています。10 進数の 88 は 16 進数で 58 です。つまり、「movl $88, %ecx」は、10 進数で 88（16 進数で 58、文字では X）の値を、CPU の中にある ecx というところに転送しています。そして、「call putchar」を呼び出しています。このプログラム固有のコードはこれだけです。

その前後は、「X」を出力するという目的とは直接関係ない準備と後始末です。わけのわからないものが前後にいろいろついていますが、しかし、そのおかげでこのプログラムは 64 ビット Windows 上でも安心して実行できます。

このプログラムは C 言語のライブラリ関数を呼び出していますが、C 言語のライブラ

リ関数を呼び出す代わりに、WindowsのWriteFile()のような関数を呼び出して同じことをすることも可能です。しかし、準備と後始末の複雑さが変わるわけではありません。

このように長ったらしくて複雑そうで難しそうな部分がくっついていますが、本書でこれから解明してゆく部分は、幸いなことに、上に示したこのプログラム固有の2行のように単純な部分です。今の段階では、後の部分はお決まりのもの、ぐらいに考えることにしましょう。

ついでに、Linux上でXを出力するアセンブラを考えてみましょう。

リスト4●文字を出力するプログラム（Linux）

```
    .globl   main
    .type    main, @function
main:
.LFB0:
    .cfi_startproc
    pushq    %rbp
    .cfi_def_cfa_offset 16
    .cfi_offset 6, -16
    movq     %rsp, %rbp
    .cfi_def_cfa_register 6
    subq     $16, %rsp
    movl     %edi, -4(%rbp)
    movq     %rsi, -16(%rbp)
    movl     $88, %edi
    call     putchar
    movl     $0, %eax
    leave
    .cfi_def_cfa 7, 8
    ret
    .cfi_endproc
```

これまた長いですね。ただ「X」を出力するだけですよ。けしからん長さですね。お

まけにWindowsの場合と微妙に違う！

　でもご安心を。このプログラム固有の部分（つまり 'X' を出力するための部分）は次の2行です。

```
    movl    $88, %edi
    call    putchar
```

　さて、ここまで読んで、なんだかよくかわからん、ということがわかったと思います。

　とりあえずそれで良いんです。なぜなら、これから本書で検討するのは、このようにそのとき検討しているプログラム固有の単純な部分が、CPUの中（やその周辺）でどうなっているかということです。

　例えば、次のコードをもう一度見てください。

```
    movl    $88, %ecx
```

　これで、CPUには、ecx（ECX）という場所があること、そして、CPUには値を転送する命令movl（この場合、最後のlは転送するデータのサイズを表すので、通常はMOVと呼びます）があって、CPUが実際に行っている作業は値の移動という単純な作業であることがわかります。

　そして重要なことは、コンピュータがどんなに複雑なことを指定しても、CPUが行っている作業はすべて単純な作業であるということが、本書を読み進めると具体的にわかってくるということです。

　その前後についている、高性能なOS上でプログラムが動くために必要な作業は1つのパターンであり、どのプログラムでも同じである、だから気にしなくてよい、と割り切ってください。

　気が楽になったでしょう？

　後は、プログラムが動くためには、今の段階ではぜんぜん気にしなくてよい何か複雑そうで難しそうな部分があるけれどそれは定型パターンとして理解すればそれで良いと

いうことを、ちょっぴり覚えておくと良いでしょう。ついでに、WindowsとLinuxでは、同じことをやってもコンピュータの中でやっていることが微妙に違うんだなあ、ということも認識しておくと、なんとなく賢くなった気になれます。

Intel形式とAT&T形式

プロローグの説明を注意深く読んだ人は、次の2つの説明で疑問に感じたことでしょう。

- 「mov ah,02」は2という値をCPUの中にあるahという場所に転送する(move)という命令です。
- 「movl $88, %ecx」は10進数で88（16進数で56、文字ではX）の値を、CPUの中にあるecxというところに転送しています。

同じmoveという機能の命令でも、最初のものは命令の後のパラメータ（のようなもの）が次のような順番になっています。

  mov （転送する先），（転送する値）

一方、2番目のものは次のようになっています。

  movl （転送する値），（転送する先）

実は、1つのCPUの命令でも、アセンブラごとに異なる表記方法が使われることがあります。本書で取り上げているIA-32やIA-64という種類のCPUでは、主にIntel表記とAT&T表記が使われます。Intel表記とAT&T表記とでは命令の書き方も違い、パラメータの表記の順序は逆です。本書で説明するGNUアセンブラ（GAS）はAT&T表記を使っています。MASMやNASMと呼ぶアセンブラは、Intel表記を使っています。

混乱するかもしれませんが、慣れればどちらでも自在に使えるようになります。

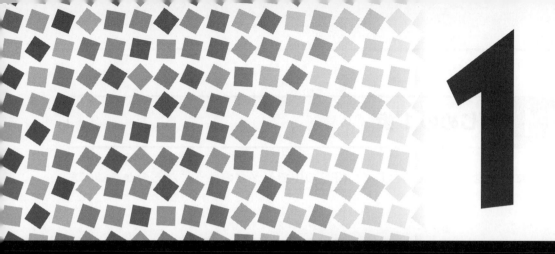

1 計算式

プログラムの内部を探求してみるために、最初は、とても単純な計算式や代入式から検討してみます。

1　計算式

1.1　はじめの1歩

最初に簡単な足し算を例として、CPUの中で何がどのようになるのかを調べましょう。

足し算のC言語プログラム

ここでは、aを1、bを2として、aにbを足した結果をcに保存して出力することを考えてみます。

式としては次のようになります。

```
a = 1
b = 2
c = a + b
```

C言語のプログラムとして作成するなら、例えば次のようにするでしょう。

リスト1.1●aplusb.c

```
1  /*
2   * aplusb.c
3   */
4  #include <stdio.h>
5
6  int main (int argc, char *argv[])
7  {
8      int a, b, c;
9
10     a = 1;
11     b = 2;
12
```

```
13      c = a + b;
14
15      printf("c=%d\n", c);
16
17      return 0;
18  }
```

C言語になじみのない読者のために簡単に説明しておきます。

1行目から3行目にかけての、/* で始まり */ で終わる部分はコメント（注釈）です。この部分はプログラムの動作には影響を与えません。ここでは、プログラムのファイルの名前を aplusb.c にすることにして、そのことをコメントとして記述してあります。

4行目はインクルード文といいます。

```
 4  #include <stdio.h>
```

これは、stdio.h という名前のファイルをこの部分に入れるという意味のディレクティブ（命令）です。stdio.h には、例えば後で使う printf() という関数の宣言が書いてあります。stdio.h がないと、後で printf() が出てきたときにそれがどういうシロモノなのかわからないので、このようなディレクティブを使うことになっています。C言語の初心者は、インクルード文は、printf() をはじめとするすごく基本的な関数を使うためのおまじないと思っていれば十分です。

6行目からこのプログラムの main（メイン）関数が始まります。main はC言語のプログラムの実行が開始されるところで、次の行の { から、最後の } までの範囲です。

```
 6  int main (int argc, char *argv[])
 7  {
         ︙
18  }
```

main の前に付いている int は、「main() が整数を返す」という意味です。main()

1 計算式

関数の実行が終わったときに数値を OS に返して「関数 main() がその数値の状態で終わったよ」ということをシステムに知らせようという魂胆で int を付けてあります（そんな数字は使わん、というのなら数を返す必要はないのですが、その話はまた別の機会に）。ここでは数を返すことにしたので、最後（17 行目）に「return 0;」という文を使って 0（ゼロ）を返します。

これが、C 言語の最も基本的かつ中身のない関数 main() の姿です。どうしてなのかというと、そういうお約束だからです。なので、あまり考えずに「典型的なパターンである」と思うことにしてください。

ちなみに、main() のカッコの中の「int argc, char *argv[]」については本書の最後のほうで出てくるので、それまではそんなものがくっついている程度に認識しておけば十分です。なお、「return 0;」の最後に「;」（セミコロン）がついている所だけは気にしてください。C 言語ではステートメント（命令や式など）の最後には「;」を付けます。

さて、関数の中身として書かれているプログラムコードを見てみましょう。

最初のコードは変数 a、b、c の宣言です。

```
8     int a, b, c;
```

ここでは、整数（int）の変数 a と変数 b と変数 c を使いますよ、と宣言しています。プログラミング言語の中には宣言なしで変数を使える言語もありますが、C 言語では関数の先頭でその関数で使う変数をすべて宣言しなければなりません。

続く 2 行は変数に値を代入する式です。

```
10    a = 1;
11    b = 2;
```

その後で、a と b を足して c に代入します。

```
13    c = a + b;
```

そして、printf()という関数を使ってcの値を出力します。

```
15      printf("c=%d¥n", c);
```

printf()というのは、書式化された（formatted）文字列を出力（print）するための関数です。

ここで単にcの値だけを出力しても間違いではありませんが、唐突に「3」などと出力されても嬉しくないので、「c=3」と出力して改行するために、「"c=%d¥n"」という書式を使ってcの値を出力します。

次の出力文は、cの値が3のときに「c=3」と出力して改行します。

```
printf("c=%d¥n", c);
```

これで間違いではありませんが、できれば「1+2=3」などと出力したほうがスマートですね。そうするためには、次の文を使います。

```
printf("%d+%d=%d¥n", a, b, c);
```

ただし、これにすると後の説明がややこしくなるので、ここでは「c=3」と出力して改行するプログラムにしておきます。

1 計算式

■ コンパイルと実行

aplusb.c という名前にしたプログラムをコンパイルして実行するには次のようにします。

```
> gcc -o aplusb aplusb.c      ……コンパイル

> aplusb     ……実行
c=3     ……実行結果
```

Linux なら、次のようにします。

```
$ gcc -o aplusb aplusb.c      ……コンパイル

$ ./aplusb     ……実行
c=3     ……実行結果
```

これで C 言語のプログラムをコンパイルして実行できたわけですが、これでは CPU の中で何が起きているのか、さっぱりわかりません。そこで、次に、このプログラムのアセンブラプログラムを見てみることにします。

■ アセンブラ

これまでアセンブラという言葉を説明なしに使ってきましたが、実はこの言葉には 2 つの意味があります。

厳密には、アセンブラ（Assembler）とは、アセンブリ言語と呼ぶプログラミング言語で記述したプログラムファイルを、実行可能なマシンコードに変換するプログラムのことです。

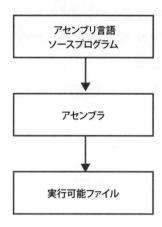

図1.1●アセンブラの役割

単純なアセンブリ言語プログラムは、プロローグでいくつか見ました。

アセンブリ言語プログラムの命令はきわめて単純です。例えば「movl $0, %eax」のような形式で書き、この場合は0（ゼロ）という値をCPUの内部のEAXという場所に保存する、という単純な命令です。

このアセンブリ言語プログラムではeaxは小文字で表記しますが、記憶場所としてのEAXは一般に大文字で表記します。eaxの前の%はレジスタと呼ぶ場所であることを表します。$0の$は10進数の数値であることを表します。

movlはコンピュータが直接実行する命令で、ニモニック（またはニーモニック）と呼びます。

movlは、MOVという値を転送する命令で、転送するサイズが1（ロング、32ビット整数または64ビット倍精度浮動小数点数）であることを表します。

1 計算式

　アセンブリ言語プログラムとは、このような単純な命令をたくさんつなげてなんらかの機能を実現するプログラムです。そして、このような、アセンブリ言語で書かれたプログラムのことを、正確にはアセンブリ言語プログラムと呼びます。

　一方、アセンブラというソフトウェアの主な仕事は、「movl $0, %eax」のようなニモニックで書かれた命令を、「B4 02」のようなマシンが直接実行できるマシンコードに変換することです（CPU が扱えるのは、命令であっても値であっても整数値だけです）。

　その他、アセンブラは必要に応じて例えば次のようなことを行います。

- CPU の内部で加算やシフトなどの演算を行う機械語に変換します。
- ジャンプや呼び出し先のアドレスを計算します。
- 文字列をあらかじめ定められた別の文字列に置き換えます。

　このような操作をアセンブルといい、このような機能を持ったソフトウェアのことをアセンブラと呼びます。しかし、慣用的に、「アセンブラ」は「アセンブリ言語プログラム」と同じ意味で使われています。本書でも、アセンブラという言葉をアセンブリ言語プログラムという意味で使うこともありますが、以降、原則としてアセンブラはアセンブリ言語プログラムをアセンブルするソフトウェアという意味で使います。

アセンブラの種類

　アセンブリ言語プログラムの命令ニモニックは CPU やアセンブラごとに異なります。例えば、値を転送する命令は、ある CPU では mov ですが、movl や move を使う場合もあります。

　アセンブリ言語プログラムの書き方も、対象とする動作条件やアセンブラの種類によって少し異なります。

　さらに、アセンブラに組み込まれている機能である、マクロやディレクティブ、擬似命令などは、アセンブラの種類によってかなり異なります。そのため、同じ CPU を使

う同じOS上で動作するプログラムであっても、使用するアセンブラの種類によってプログラムの書き方は異なります。

アセンブリ言語プログラムのことをアセンブラと呼ぶようになった理由の1つは、使用するアセンブラによってプログラムの書き方が異なるため、実際に使用するアセンブラについて学習する必要があるからであると思われます。つまり、使うアセンブラに応じて違う知識が必要になるわけですが、1つのアセンブラを使ったプログラミングに習熟すれば、他のアセンブラも容易に利用できるようになります。

アセンブリコードの生成

さて、少し横道にそれましたが、ここで、C言語コンパイラの機能を使ってC言語のプログラムaplusb.cをアセンブリ言語プログラムに変換してみましょう。C言語のプログラムからアセンブリ言語プログラムを生成するには、次のようにします。

```
> gcc -S aplusb.c
```

すると、aplusb.sというファイルが生成されます。これがアセンブリ言語プログラム（いわゆるアセンブラ）です。

リスト1.2●aplusb.s

```
❶       .file   "aplusb.c"
        .def    __main; .scl    2;      .type   32;     .endef
        .section .rdata,"dr"
 .LC0:
        .ascii "c=%d\12\0"
        .text
        .globl  main
        .def    main;   .scl    2;      .type   32;     .endef
        .seh_proc       main
```

1 計算式

```
❷ main:
    pushq   %rbp
    .seh_pushreg    %rbp
    movq    %rsp, %rbp
    .seh_setframe   %rbp, 0
    subq    $48, %rsp
    .seh_stackalloc 48
    .seh_endprologue
    movl    %ecx, 16(%rbp)
    movq    %rdx, 24(%rbp)
    call    __main
❸  movl    $1, -4(%rbp)
    movl    $2, -8(%rbp)
    movl    -4(%rbp), %edx
    movl    -8(%rbp), %eax
    addl    %edx, %eax
    movl    %eax, -12(%rbp)
    movl    -12(%rbp), %eax
    movl    %eax, %edx
    leaq    .LC0(%rip), %rcx
    call    printf
❹  movl    $0, %eax
    addq    $48, %rsp
    popq    %rbp
    ret
❺  .seh_endproc
    .ident  "GCC: (tdm64-1) 5.1.0"
    .def    printf; .scl    2;  .type   32; .endef
```

　実際に生成されるファイルの詳細は、OS や gcc のバージョンによって異なることがありますが、気にしないでください。以降では、ここに掲載した内容を元に解説します。

　なお、このアセンブリ言語コードは、アセンブルという作業（コンパイルという作業に似ていて、実行可能なファイルを生成する作業）を行って、実行可能ファイルに変換して実行することができます。

```
> gcc -o aplusb aplusb.s
> aplusb
```

Linux なら次のようにします。

```
$ gcc -o aplusb aplusb.s
$ ./aplusb
```

アセンブリコードの内容

　さて、アセンブリ言語プログラム aplusb.s はそこそこ長く、いろいろなことをやっていますが、ここで注目するのは足し算をやっている部分だけです。その他の部分については、今の段階では、やっている内容をおおまかに把握できればそれで十分です。
　先頭の❶の部分は、ファイル名や文字列の定義、その他の定義などです。
　「.LC0:」や「main:」のように、「:」(コロン) が最後についているのは、ラベルです。ラベルは、セクションやジャンプ先、アドレスなどを表す目印です。後で「.LC0:」を使う例が出てきます。
　「main:」の後の行 (❷の部分) から実行されるプログラムコードが始まります。この実行されるプログラムコードの最初の部分は、プログラムを安全にきちんと実行するための準備です。先頭からここまでのコードについては必要に応じておいおい解説します。ここでは、典型的なパターンであると考えておいてください (実際、これから見る他のプログラムでも、この部分はほぼ同じです)。

違うシステムでは、この部分に相当する部分に異なるコードが生成されます。例えば、Linux 上のあるバージョンの GCC で生成したアセンブリコードは、ここに掲載しているコードとは異なります。しかし、それはそのシステムの main が始まるまでの定型パターンであり、そのシステムを通じて、やはり本質的に同じです。

そして❸の部分が、C言語のプログラムの関数main()の内容（「return 0;」を除く）に相当するアセンブリ言語プログラムの部分です。「return 0;」に相当するのは❹の部分で、ここではプログラムが終了するために必要な作業を行います。

最後の2行は、アセンブラやデバッガなどに渡される情報です。この部分は省略してもアセンブル、実行することができます。

ここで注目したいのは❸の部分、つまり、C言語のプログラムの関数main()の内容に相当する部分です。C言語のコードと対応させて詳しく見てみましょう。

リスト1.3●mainの内容（C言語）

```
    int a, b, c;

    a = 1;
    b = 2;

    c = a + b;

    printf("c=%d\n", c);
```

リスト1.4●mainの内容（アセンブリ言語）

```
    movl    $1, -4(%rbp)
    movl    $2, -8(%rbp)
    movl    -4(%rbp), %edx
    movl    -8(%rbp), %eax
    addl    %edx, %eax
    movl    %eax, -12(%rbp)
    movl    -12(%rbp), %eax
    movl    %eax, %edx
    leaq    .LC0(%rip), %rcx
    call    printf
```

C 言語の最初のコードは次の宣言です。

```
int a, b, c;
```

ところが、アセンブリ言語コードにこの部分に相当する部分はありません。実は、C 言語の宣言は実行されるコードではないのです（拡張された C 言語や C++ で宣言と共に代入するような場合は除く）。別の見方をすると、アセンブラにとって、あるいは CPU にとって、a や b という変数の名前の宣言は意味がないのです。それではどうやって値を保存しているかというと、メモリに値を保存して、保存した場所を覚えています。

次の C 言語コードを見てください。

```
a = 1;
```

これに対応するアセンブリ言語コードは次のとおりです。

```
movl    $1, -4(%rbp)
```

movl は 1 サイズのデータを転送 (move) するという命令ニモニックで、転送するデータは $1 つまり整数値 1 であり、転送する先は -4(%rbp) です。

値 1 は定数なので、（このアセンブラでは）$ を付ける決まりになっています。-4(%rbp) は、RBP というレジスタと呼ぶものに入っている値から -4 を引いた場所を表します（レジスタについては後で説明します）。つまり、変数 a に相当する場所（アドレス）は rbp-4 です。このことはまた後で考えることにして、次のコードを見てみましょう。

```
b = 2;
```

これに相当するアセンブリ言語コードは次のコードです。

```
movl    $2, -8(%rbp)
```

これは、変数bに相当する場所であるrbp-8に、値2を保存するコードです。
この2つは図で示すと次のようになります。

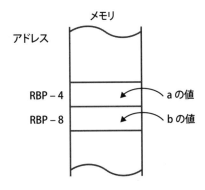

図1.2●変数a、bの値とメモリ

次に実行されるC言語プログラムは次のとおりです。

```
c = a + b;
```

これに対応するアセンブリ言語コードは次のとおりです。

```
movl    -4(%rbp), %edx
movl    -8(%rbp), %eax
addl    %edx, %eax
```

これは、メモリ上のrbp-4の値をEDXというレジスタに保存し、メモリ上のrbp-8の値をEAXというレジスタに保存して、addlという命令でEDXの値とEAXの値を足すという作業をしています。結果はEAXに保存されます（そのような決まりになっています）。

見方を変えると、「c = a + b;」という1つの式が、CPUの中では3個の命令で実

行されているということもできます。そして、これが足し算の実態です。

 `addl` という命令は、実際には ADD という命令で扱うデータのサイズが L であることを表しています。そのため、命令としては ADD 命令と呼びます。

C 言語の出力のコードは次のとおりでした。

```
printf("c=%d\n", c);
```

これに相当するアセンブリ言語コードは次の部分です。

```
movl    %eax, -12(%rbp)
movl    -12(%rbp), %eax
movl    %eax, %edx
leaq    .LC0(%rip), %rcx
call    printf
```

関数呼び出しについては第 5 章で解説するので、ここでは次のような 3 個の命令でここで必要とする形式で出力できると理解してください。

```
movl    %eax, %edx
leaq    .LC0(%rip), %rcx
call    printf
```

少しだけ気にしておきたいのは、2 行目のコードの `.LC0(%rip)` です。これは RIP+.LC0 というアドレスを表していて、これは `printf()` が使う書式「`.ascii "c=%d\12\0"`」のアドレスです。これがラベルでアドレスを表す例です。

1 計算式

レジスタ

ここまで、アセンブリ言語コードをざっと見てきましたが、ここで注目しているのは足し算を実際に行っている次の部分です。

```
movl    -4(%rbp), %edx
movl    -8(%rbp), %eax
addl    %edx, %eax
```

ここにはレジスタとメモリというものが出てきました。RBP、EDX、EAX がレジスタ、RBP-4（-4(%rbp)）や RPB-8（-8(%rbp)）がメモリアドレスです。

プログラムの中では edx や rbp のように小文字で表記し、解説では EDX や RBP のように大文字で表記していますが、これは慣例です。プログラムとしては、大文字／小文字を区別しませんが、慣例としてプログラムでは小文字で書き、説明では大文字で書くことが多いので、本書でもそれにならっています。なお、movl と MOV 命令のような命令でも、プログラムでは小文字で（サイズがある場合は最後にサイズを付けて）書き、説明では大文字（サイズなしで）で表記します。

コンピュータでの処理は、コンピュータの心臓部ともいえる CPU 内部のレジスタで行われ、データはメモリに保存されます。これがコンピュータの最も基本的な要素です。レジスタは名前で識別し、メモリはアドレスで識別します。

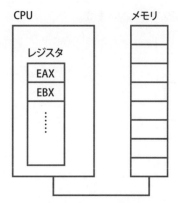

図1.3●コンピュータの基本構成

コンピュータにはもちろんディスプレイやハードディスク、サウンドカードなど他の要素もありますが、さまざまなデバイスも、本質的にはCPUのレジスタとメモリとの間で値をやり取りするのと同じことを行っています。

　アセンブリ言語を理解するためには、CPUのレジスタとメモリに関する知識が必須です。CPUは種類によって構成が大幅に異なり、CPUが改良強化されるにつれてレジスタの種類はどんどん増えていますが、ここでは本書を読み進めるために知っておくべき64ビット80x86系CPU（x64）のレジスタについて解説します。

さて、演算やデータの保存に使うレジスタを、汎用レジスタといいます。

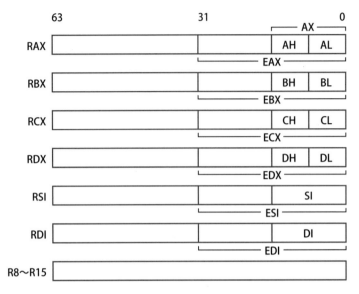

図1.4●汎用レジスタ

　汎用レジスタは、CPUのビット数の増加に伴って、ちょっと変わった呼び方をします。

　最も重要なレジスタは、RAXと呼ぶアキュムレータです。アキュムレータは演算などの結果を保存することがよくありますが、そのことはしばらくおいておいて、ここではデータサイズによって異なるレジスタの特異な扱い方を知っておきましょう。

　アキュムレータRAXは、64ビットの値を扱うときにはRAXといいます。しかし、その同じRAXでも、32ビットの値を扱うときにはRAXの下位32ビットを使い、EAXレジスタと呼びます。そして、16ビットの値を扱うときにはEAXの下位16ビットを使い、AXレジスタと呼びます。AXレジスタの上位8ビットはAHレジスタと呼び、下位8ビットはALレジスタと呼びます。

つまり、RAX、EAX、AX、AH、AL という 5 個のレジスタがそれぞれあるのではなく、RAX の下位 32 ビットの部分を EAX と呼び、EAX の下位 16 ビットを AX と呼び、AX の下位 8 ビットを AL と呼びます。このことは重要なので覚えておきましょう。なお、他の汎用レジスタも同じです。

　RBX、RCX、RDX、RSI、RDI の各レジスタも、上の表に示したように、必要に応じて 32 ビット、16 ビット、8 ビットの部分だけを使うことがあり、その場合はそれぞれ表に示した名前で呼びます。また、64 ビット CPU では R8 から R15 までの 64 ビット汎用レジスタが追加されています。

　どのレジスタも値を保存するものですが、各レジスタには主な役割が決まっています（主な役割であり、他の用途にはいっさい使えないということではありません）。図に示した各レジスタについて以下に簡単に説明しますが、ここでこれを丸暗記する必要はまったくありません。本書を読み進むときに、必要に応じて読み返してください。

- RAX（EAX、AX、AH、AL）：アキュムレータ（レジスタ）と呼び、主に算術演算や操作の結果が保存されるレジスタです。
- RBX（EBX、BX、BH、BL）：ベースレジスタと呼び、主にメモリアドレスを保存するために使われます。
- RCX（ECX、CX、CH、CL）：カウンタレジスタと呼び、シフトやローテート命令とループ命令のカウンタ値の保存に使われます。
- RDX（EDX、DX、DH、DL）：データレジスタと呼び、算術演算操作と I/O 操作のデータの保存に使われます。

　R8 〜 R15 は任意の目的に使うことができます。

本文では RAX、EAX、EDX のように大文字、ソースコードリストでは rax、eax、edx のように小文字ですが、これらは大文字でも小文字でもかまいません。慣例として、コードでは小文字を使い、レジスタを名前で呼ぶときには大文字で表現することが多いからそうしているだけです。

さらに次のようなレジスタがあります。

- RSI（ESI、SI）：ソースレジスタと呼び、ストリーム操作と呼ぶ操作でソース（データの転送元）のアドレスを保存するために使われます。
- RDI（EDI、DI）：デスティネーションレジスタと呼び、ストリーム操作のデスティネーション（転送先）のアドレスを保存するために使われます。
- RBP（EBP、BP）：スタックベースポインタレジスタと呼び、スタックのベースを指し示すのに使われます（スタックはデータを保存する領域です）。
- RSP（ESP、SP）：スタックポインタレジスタと呼び、スタックのトップを指し示すポインタです。
- RIP（EIP、IP）：命令ポインタと呼び、実行する命令を指し示すのに使われます。

ここでは新しい言葉が説明なしに出てくるのでよくわからないでしょうが、今の段階ではそれでかまいません。ちなみに、足し算のアセンブリ言語コードで使ったのは、RBP、EDX、EAX だけです。

```
movl    -4(%rbp), %edx
movl    -8(%rbp), %eax
addl    %edx, %eax
```

RBP はスタックベースポインタレジスタ、EAX はアキュムレータ、EDX はデータレジスタで、ここで知っておくべきはこれだけです。

さらに拡張されたレジスタとして拡張された 128 ビットレジスタ XMM0 〜 XMM15 の 16 個と、FPR0 〜 FPR7 の 8 個があります。

メモリ

データはメモリに保存されます。今まで見てきたプログラムでは、メモリは次のようになっています。

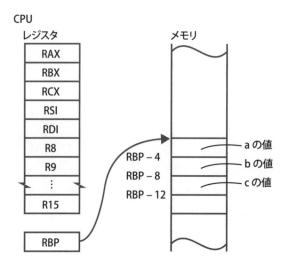

図1.5●CPUとメモリの状態（イメージ）

思い出してみてください。数を加算するのに、メモリからレジスタに値を転送してから、レジスタの値同士を加算しました。

```
movl    -4(%rbp), %edx    # RBP-4の値をEDXに転送する
movl    -8(%rbp), %eax    # RBP-8の値をEAXに転送する
addl    %edx, %eax        # EDXとEAXの値を加算してEAXに保存する
```

なぜこんな面倒なことをするのかというと、メモリの中では値を加算したりその他の演算を行うことができないからです。例えば、メモリのRBP-4の値とRBP-8の値を直接加算してメモリのどこかに直接保存することはできません。

演算は必ずレジスタの中で行われます。また、少なくとも、演算結果を保存するのはレジスタの中でなければなりません。

addの最初のパラメータにはメモリアドレスを指定することもできます。最初のパラメータの値にメモリの値を使って演算する例は、1.2節「引き算」で解説します。

不要なコード

さきほど注目した「call __main」の後の部分の足し算「addl %edx, %eax」の後をもう一度見てみましょう。

```
addl    %edx, %eax
movl    %eax, -12(%rbp)    # これと
movl    -12(%rbp), %eax    # これはいらない？
movl    %eax, %edx
leaq    .LC0(%rip), %rcx
call    printf
```

addl（ADD）という命令の後で「movl %eax, -12(%rbp)」でEAXの値をRBP-12（変数cの値が保存されるところ）に転送してから、「movl -12(%rbp), %eax」でRBP-12の値をEAXに転送しています。しかし、これは無駄ではないでしょうか？

実際にこれは無駄です。その2行を削除するかコメントにしてからアセンブル（gcc -o aplusb aplusb.s）してもプログラムは動きます。

このような無駄なコードが生成されることがありますが、この場合は、さらにいえば、RBP-12（変数cの値が保存されるところ）を使う理由はありません。いいかえると、アセンブリ言語コードを生成した元のC言語プログラムにはなくても良い変数cを宣

言して使っているという無駄があります。

次のようにすれば変数 c は省くことができます。

```
int main (int argc, char *argv[])
{
    int a, b;

    a = 1;
    b = 2;

    printf("a+b=%d¥n", a + b);

    return 0;
}
```

いいかえると、アセンブリコードを検討することで C 言語のプログラムの冗長な部分や間違いをチェックすることも可能なわけです。

本書ではわかりやすく解説するために、あえて冗長なコードを使うことがあります。

1.2 引き算

次に引き算の場合を考えてみましょう。

引き算のプログラム

足し算のC言語のプログラムaplusb.cを少し変更すると、引き算のプログラムになります。

リスト1.5●aminusb.c

```c
/*
 * aminusb.c
 */
#include <stdio.h>

int main (int argc, char *argv[])
{
    int a, b, c;

    a = 7;
    b = 2;

    c = a - b;

    printf("c=%d\n", c);

    return 0;
}
```

足し算のC言語のプログラムaplusb.cとは、aの値と式が違うだけです。コンパイ

ルして実行すると、「a - b」の値5が出力されます。

```
>gcc -o aminusb aminusb.c

>aminusb
c=5
```

引き算のアセンブリコード

引き算のC言語のプログラム aminusb.c から「gcc -S」で生成したアセンブリ言語コードを次に示します。

リスト1.6●aminusb.s

```
    .file   "aminusb.c"
    .def    __main; .scl   2;   .type    32;    .endef
    .section .rdata,"dr"
.LC0:
    .ascii "c=%d\12\0"
    .text
    .globl  main
    .def    main;    .scl    2;    .type    32;    .endef
    .seh_proc    main
main:
    pushq   %rbp
    .seh_pushreg    %rbp
    movq    %rsp, %rbp
    .seh_setframe   %rbp, 0
    subq    $48, %rsp
    .seh_stackalloc 48
    .seh_endprologue
    movl    %ecx, 16(%rbp)
    movq    %rdx, 24(%rbp)
```

1 計算式

```
        call    __main
        movl    $7, -4(%rbp)
        movl    $2, -8(%rbp)
        movl    -4(%rbp), %eax
        subl    -8(%rbp), %eax
        movl    %eax, -12(%rbp)
        movl    -12(%rbp), %eax
        movl    %eax, %edx
        leaq    .LC0(%rip), %rcx
        call    printf
        movl    $0, %eax
        addq    $48, %rsp
        popq    %rbp
        ret
        .seh_endproc
        .ident  "GCC: (tdm64-1) 5.1.0"
        .def    printf;  .scl    2;   .type   32;   .endef
```

　ここでも、C言語の関数main()の中のコードに対応する部分（前リストの網掛け部分）に注目します。

　最初はC言語プログラムの「a = 7;」に対応します。

```
        movl    $7, -4(%rbp)     # 値7をRBP-4に転送する
```

　次はC言語プログラムの「b = 5;」に対応します。

```
        movl    $2, -8(%rbp)     # 値5をRBP-8に転送する
```

　そして、RBP-4の値（変数の値）をEAXレジスタに転送します。

```
        movl    -4(%rbp), %eax
```

　次は引き算です。これは、メモリのRBP-8というアドレスのところにある値から、

EAXの値を引きます。結果はEAXレジスタに保存されます。

```
subl    -8(%rbp), %eax
```

ここで、ソースオペランドとデスティネーションオペランドという言葉を覚えましょう。この引き算のコードのように、（この場合は引き算の）もとになるパラメータをソースオペランド、結果を保存するパラメータをデスティネーションオペランドといいます。命令はニモニックといいます。

つまり、一般化すれば次のように表現することができます。

　　ニモニック　ソースオペランド , デスティネーションオペランド

ただし、長くなるので、「オペランド」という言葉は省略して次のように表現することもよくあります。

　　ニモニック　ソース , デスティネーション

SUB命令を使った整数の引き算では、ソースの値からデスティネーションの値を引きます。結果はデスティネーションに保存されるといいます。

プロローグのコラム「Intel形式とAT&T形式」で説明しているように、ソースとデスティネーションを逆に書く書き方もあります。なお、ソース／デスティネーションを考慮せず、オペランドを前から順番に呼ぶこともあります。

　　ニモニック　第1オペランド , 第2オペランド [, 第3オペランド ...]

なお、このコードではソースにメモリの値を指定しています。ADDやSUB命令では、ソースにメモリを直接指定することが可能です。しかし、結果を保存するデスティネー

1 計算式

ションはレジスタを指定しなければなりません。

　さて、ここまで実行してきた結果、EAX レジスタに引き算の結果が入っています。それを変数 c に保存するための次の 2 つの命令は、すでに説明したように、無駄といえば無駄です（次節で無駄のないコードの例を示します）。

```
        movl    %eax, -12(%rbp)
        movl    -12(%rbp), %eax
```

　無駄といえる 2 つの命令を実行しても、依然として EAX レジスタに引き算の結果が入っているので、それを出力する命令が次の 3 個の命令です。

```
        movl    %eax, %edx
        leaq    .LC0(%rip), %rcx
        call    printf
```

　printf() を呼び出すためには、RCX レジスタに書式のアドレスを指定し、EDX に出力する値を指定します。2 番目の命令「leaq　.LC0(%rip),　%rcx」の leaq は LEA という命令でサイズが Q（クワッド、64 ビット）であることを表しています。LEA 命令は、ソースのアドレスをデスティネーションに保存します。

　.LC0(%rip) は、アセンブリ言語ソースの 4 行目と 5 行目に対応しています。

```
    .LC0:
        .ascii "c=%d\12\0"         ; printf("c=%d\n", c);の書式文字列
```

　.LC0 はラベルですが、同時にオフセットアドレスを表し、.LC0(%rip) は RIP+.LC0 のアドレス（つまり、printf("c=%d\n",　c); の書式文字列のアドレス）を表しています。

1.3 掛け算と割り算

次に掛け算と割り算の場合を考えてみましょう。

掛け算と割り算のプログラム

足し算のC言語のプログラムaplusb.cを少し変更して、掛け算と割り算のプログラムを作ります。

リスト1.7● muldiv.c

```c
/*
 * muldiv.c
 */
#include <stdio.h>

int main (int argc, char *argv[])
{
    int a, b, c, d;

    a = 7;
    b = 2;

    printf("a*b=%d\n", a * b);

    c = a / b;
    d = a % b;

    printf("a/b=%d...%d\n", c, d);

    return 0;
}
```

1 計算式

足し算のC言語のプログラム aplusb.c とは、演算を行ってその結果をすぐ出力するという点で違います。

```
printf("a*b=%d¥n", a * b);
```

割り算では商と余りを求めるので、一時的な変数cに商を、dに余りを入れることにします。

```
c = a / b;
d = a % b;

printf("a/b=%d...%d¥n", c, d);
```

コンパイルして実行すると、掛け算と割り算の結果が出力されます。

```
>gcc -o muldiv muldiv.c

>muldiv
a*b=14
a/b=3...1
```

掛け算と割り算のアセンブリコード

掛け算と割り算のC言語のプログラム muldiv.c から「gcc -S」で生成したアセンブリ言語コードを次に示します。

リスト1.8●muldiv.s

```
    .file   "muldiv.c"
    .def    __main; .scl   2;    .type    32;    .endef
    .section .rdata,"dr"
.LC0:
```

```
        .ascii  "a*b=%d\12\0"
.LC1:
        .ascii  "a/b=%d...%d\12\0"
        .text
        .globl  main
        .def    main;   .scl    2;      .type   32;     .endef
        .seh_proc       main
main:
        pushq   %rbp
        .seh_pushreg    %rbp
        movq    %rsp, %rbp
        .seh_setframe   %rbp, 0
        subq    $48, %rsp
        .seh_stackalloc 48
        .seh_endprologue
        movl    %ecx, 16(%rbp)
        movq    %rdx, 24(%rbp)
        call    __main
        movl    $7, -4(%rbp)
        movl    $2, -8(%rbp)
        movl    -4(%rbp), %eax
        imull   -8(%rbp), %eax
        movl    %eax, %edx
        leaq    .LC0(%rip), %rcx
        call    printf
        movl    -4(%rbp), %eax
        cltd
        idivl   -8(%rbp)
        movl    %eax, -12(%rbp)
        movl    -4(%rbp), %eax
        cltd
        idivl   -8(%rbp)
        movl    %edx, -16(%rbp)
        movl    -16(%rbp), %edx
        movl    -12(%rbp), %eax
        movl    %edx, %r8d
        movl    %eax, %edx
```

1 計算式

```
        leaq    .LC1(%rip), %rcx
        call    printf
        movl    $0, %eax
        addq    $48, %rsp
        popq    %rbp
        ret
        .seh_endproc
        .ident  "GCC: (tdm64-1) 5.1.0"
        .def    printf;    .scl    2;    .type    32;    .endef
```

ここでも、C言語の関数main()の中のコードに対応する部分に注目します。

「call __main」の後を見てみます。最初の部分は、「a = 7;」と「b = 2;」に対応するアセンブリコードです

```
        movl    $7, -4(%rbp)
        movl    $2, -8(%rbp)
```

掛け算を行うためにaの値（-4(%rbp)）をEAXに転送して、IMUL命令で掛け算を行います。

```
        movl    -4(%rbp), %eax
        imull   -8(%rbp), %eax
```

結果はEAXに保存されるので、EDXに転送してから書式文字列をLRA命令でRCXにロードしてprintf()を呼び出します。

```
        movl    %eax, %edx
        leaq    .LC0(%rip), %rcx
        call    printf
```

符号付き整数の割り算では、IDIV命令を使います。IDIVでは、割られる数をEDX:EAXに保存して割る数はパラメータに指定します。すると、商はEAXに、余りはEDX

に保存されます。

　割られる値を EDX:EAX に保存するためには、まず a の値（-4(%rbp)）を EAX に転送して、CLTD 命令で 64 ビットに符号拡張します。そして、IDIV 命令で割る数として b の値（-8(%rbp)）を指定して割ります。

```
        movl    -4(%rbp), %eax
        cltd
        idivl   -8(%rbp)
```

商は EAX に保存されているので、変数 c（-12(%rbp)）に保存します。

```
        movl    %eax, -12(%rbp)
```

余りは EDX に保存されているので、変数 d(-16(%rbp))に保存すれば良いのですが、このアセンブリコードではもう一度同じ割り算を行ってから余りを保存します。

```
        movl    -4(%rbp), %eax
        cltd
        idivl   -8(%rbp)
        movl    %edx, -16(%rbp)
```

これも C 言語プログラムから生成したアセンブリ言語コードの無駄なコードです。最適化したコードは後で示します。

　最後に書式と引数を指定して printf() を呼び出します。

```
        movl    -16(%rbp), %edx
        movl    -12(%rbp), %eax
        movl    %edx, %r8d
        movl    %eax, %edx
        leaq    .LC1(%rip), %rcx
        call    printf
```

1 計算式

無駄を省いて最適化したコードは次のようになります。

リスト1.9●最適化したコード

```
    call    __main
    movl    $7, -4(%rbp)
    movl    $2, -8(%rbp)
    movl    -4(%rbp), %eax
    imull   -8(%rbp), %eax
    movl    %eax, %edx
    leaq    .LC0(%rip), %rcx
    call    printf
    movl    -4(%rbp), %eax
    cltd
    idivl   -8(%rbp)
    movl    %edx, %r8d
    movl    %eax, %edx
    leaq    .LC1(%rip), %rcx
    call    printf
```

1.4 実数の計算

C言語では、整数と実数の計算の違いはデータ型の宣言だけで、計算式は同じです。しかし、アセンブリ言語プログラムでは、整数の計算と実数の計算では命令も値が保存される場所も異なります。

実数の演算

実数を計算する方法はいくつかあります。

- FPU がない CPU
  FPU（数値演算プロセッサ）がない CPU では、ソフトウェアでエミュレートします。現在では、実数を扱うシステムで FPU がないマシンは通常は使われません。

- FPU（387）がある CPU
  実数の計算には、x87 FPU の浮動小数点命令とレジスタ R0 〜 R7 が使われます。システムが SSE 命令をサポートしていない場合は、明示的に 387 を使うように指定する必要があります。FPU の命令は汎用レジスタを使わず、スタック（ST）に値を保存します。387 を使うコードは最後に示します。

- 拡張命令をサポートする CPU
  現在では、実数の演算には SSE 命令と呼ぶ拡張された命令および拡張レジスタ XMM を使うのが普通です。これらの命令とレジスタを使うことで、演算の速さが早くなります。ただし、すべての CPU が拡張命令をサポートしているわけではないので、注意する必要があります。

1 計算式

足し算と引き算のプログラム

まず、C言語で実数の足し算と引き算のプログラムを作ります。

リスト1.10●rplusminus.c

```c
/*
 * rplusminus.c
 */
#include <stdio.h>

int main (int argc, char *argv[])
{
    double a, b, c, d;

    a = 1.23;
    b = 2.3;

    c = a + b;

    printf("a+b=%lf¥n", c);

    d = a - b;

    printf("a-b=%lf¥n", d);

    return 0;
}
```

「a = 1.23;」、「b = 2.3;」なので、コンパイルして実行した結果は次のようになります。

```
>gcc -o rplusminus rplusminus.c

>rplusminus
a+b=3.530000
a-b=-1.070000
```

このC言語プログラムから「gcc -S」で生成したアセンブリ言語プログラムを次に示します。

リスト1.11●rplusminus.s

```
    .file   "rplusminus.c"
    .def    __main; .scl    2;  .type   32; .endef
    .section .rdata,"dr"
.LC2:
    .ascii "a+b=%lf\12\0"
.LC3:
    .ascii "a-b=%lf\12\0"
    .text
    .globl  main
    .def    main;   .scl    2;  .type   32; .endef
    .seh_proc   main
main:
    pushq   %rbp
    .seh_pushreg    %rbp
    movq    %rsp, %rbp
    .seh_setframe   %rbp, 0
    subq    $64, %rsp
    .seh_stackalloc 64
    .seh_endprologue
    movl    %ecx, 16(%rbp)
    movq    %rdx, 24(%rbp)
    call    __main
    movsd   .LC0(%rip), %xmm0
    movsd   %xmm0, -8(%rbp)
```

1 計算式

```
    movsd   .LC1(%rip), %xmm0
    movsd   %xmm0, -16(%rbp)
    movsd   -8(%rbp), %xmm0
    addsd   -16(%rbp), %xmm0
    movsd   %xmm0, -24(%rbp)
    movsd   -24(%rbp), %xmm1
    movsd   -24(%rbp), %xmm0
    movq    %xmm0, %rdx
    leaq    .LC2(%rip), %rcx
    call    printf
    movsd   -8(%rbp), %xmm0
    subsd   -16(%rbp), %xmm0
    movsd   %xmm0, -32(%rbp)
    movsd   -32(%rbp), %xmm1
    movsd   -32(%rbp), %xmm0
    movq    %xmm0, %rdx
    leaq    .LC3(%rip), %rcx
    call    printf
    movl    $0, %eax
    addq    $64, %rsp
    popq    %rbp
    ret
    .seh_endproc
    .section .rdata,"dr"
    .align 8
.LC0:
    .long   2061584302
    .long   1072934420
    .align 8
.LC1:
    .long   1717986918
    .long   1073899110
    .ident  "GCC: (tdm64-1) 5.1.0"
    .def    printf;    .scl    2;    .type    32;    .endef
```

システムによってはFPUを使うコードなど他のコードが出力されることがあります。

注目するのは「call __main」から結果を出力するところまで（1つ目の網掛け部分）です。

しかし、これを検討する前に.LC0と.LC1の定義（2つ目の網掛け部分）を見てください。.LC0は実数1.23の内部表現で、.LC1は2.3の内部表現です。このように、このシステムでは実数の定数は2個のLONGとして表現します。

さて、「call __main」の後で最初に行うのは、実数1.23の内部表現である.LC0をXMM0に転送し、さらにRBP-8（変数a）に転送するという作業です。

```
movsd   .LC0(%rip), %xmm0
movsd   %xmm0, -8(%rbp)
```

XMMは拡張された128ビットレジスタで、0～15までの16個あります。MOVS命令は、ストリング命令と呼び、MOVSDはダブルワードをコピーします。

この2個の命令で、数1.23が変数a（のメモリ）に保存されます。

続く2個の命令は、数2.3を変数bに保存するためのコードです。

```
movsd   .LC1(%rip), %xmm0
movsd   %xmm0, -16(%rbp)
```

加算はADDS命令で行い、結果は変数c（-24(%rbp)）に保存します。

```
movsd   -8(%rbp), %xmm0
addsd   -16(%rbp), %xmm0
movsd   %xmm0, -24(%rbp)
```

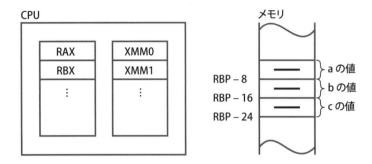

図1.6●実数計算のときのCPUとメモリ

そして出力します。

```
movsd   -24(%rbp), %xmm1
movsd   -24(%rbp), %xmm0
movq    %xmm0, %rdx
leaq    .LC2(%rip), %rcx
call    printf
```

引き算も同様ですが、引き算はSUBS命令で行います。結果は変数d(-32(%rbp))に保存します。

```
movsd   -8(%rbp), %xmm0
subsd   -16(%rbp), %xmm0
movsd   %xmm0, -32(%rbp)
movsd   -32(%rbp), %xmm1
movsd   -32(%rbp), %xmm0
movq    %xmm0, %rdx
leaq    .LC3(%rip), %rcx
call    printf
```

掛け算と割り算のプログラム

実数の足し算のC言語のプログラム aplusb.c を少し変更して、掛け算と割り算のプログラムを作ります。

リスト1.12● rmuldiv.c

```c
/*
 * rmuldiv.c
 */
#include <stdio.h>

int main (int argc, char *argv[])
{
    double a, b;

    a = 7.89;
    b = 2.3;

    printf("a*b=%lf\n", a * b);
    printf("a/b=%lf\n", a / b);

    return 0;
}
```

「a = 7.89;」、「b = 2.3;」なので、コンパイルして実行した結果は次のようになります。

```
>gcc -o rmuldiv rmuldiv.c

>rmuldiv
a*b=18.147000
a/b=3.430435
```

1 計算式

　このC言語プログラムから「gcc -S」で生成したアセンブリ言語プログラムを次に示します。

リスト1.13●rmuldiv.s

```
    .file   "rmuldiv.c"
    .def    __main; .scl    2;      .type   32;     .endef
    .section .rdata,"dr"
.LC2:
    .ascii "a*b=%lf\12\0"
.LC3:
    .ascii "a/b=%lf\12\0"
    .text
    .globl  main
    .def    main;   .scl    2;      .type   32;     .endef
    .seh_proc       main
main:
    pushq   %rbp
    .seh_pushreg    %rbp
    movq    %rsp, %rbp
    .seh_setframe   %rbp, 0
    subq    $64, %rsp
    .seh_stackalloc 64
    .seh_endprologue
    movl    %ecx, 16(%rbp)
    movq    %rdx, 24(%rbp)
    call    __main
    movsd   .LC0(%rip), %xmm0
    movsd   %xmm0, -8(%rbp)
    movsd   .LC1(%rip), %xmm0
    movsd   %xmm0, -16(%rbp)
    movsd   -8(%rbp), %xmm0
    mulsd   -16(%rbp), %xmm0
    movq    %xmm0, %rax
    movq    %rax, %rdx
    movq    %rdx, -24(%rbp)
```

```
        movsd    -24(%rbp), %xmm0
        movapd   %xmm0, %xmm1
        movq     %rax, %rdx
        leaq     .LC2(%rip), %rcx
        call     printf
        movsd    -8(%rbp), %xmm0
        divsd    -16(%rbp), %xmm0
        movq     %xmm0, %rax
        movq     %rax, %rdx
        movq     %rdx, -24(%rbp)
        movsd    -24(%rbp), %xmm0
        movapd   %xmm0, %xmm1
        movq     %rax, %rdx
        leaq     .LC3(%rip), %rcx
        call     printf
        movl     $0, %eax
        addq     $64, %rsp
        popq     %rbp
        ret
        .seh_endproc
        .section .rdata,"dr"
        .align 8
.LC0:
        .long    687194767
        .long    1075810140
        .align 8
.LC1:
        .long    1717986918
        .long    1073899110
        .ident   "GCC: (tdm64-1) 5.1.0"
        .def     printf;    .scl    2;    .type    32;    .endef
```

注目するのは「call __main」から結果を出力するところまで（網掛け部分）です。

1 計算式

.LC0 には実数 7.89 の値があります。これを変数 a（-8(%rbp)）に保存します。

```
call    __main
movsd   .LC0(%rip), %xmm0
movsd   %xmm0, -8(%rbp)
```

同様に .LC1 にある実数 2.3 の値を変数 b（-16(%rbp)）に保存します。

```
movsd   .LC1(%rip), %xmm0
movsd   %xmm0, -16(%rbp)
```

掛け算は MULS 命令で行います。結果は 3 番目の変数領域（-24(%rbp)）に保存されます。

```
movsd   -8(%rbp), %xmm0
mulsd   -16(%rbp), %xmm0
movq    %xmm0, %rax
movq    %rax, %rdx
movq    %rdx, -24(%rbp)
```

そして 3 番目の変数領域（-24(%rbp)）に保存した結果を出力します。

```
movsd   -24(%rbp), %xmm0
movapd  %xmm0, %xmm1
movq    %rax, %rdx
leaq    .LC2(%rip), %rcx
call    printf
```

割り算も同様に行いますが、DIVS 命令を使います。また、実数の割り算では余りは必要ありません。

```
movsd   -8(%rbp), %xmm0
divsd   -16(%rbp), %xmm0
```

```
        movq    %xmm0, %rax
        movq    %rax, %rdx
        movq    %rdx, -24(%rbp)
        movsd   -24(%rbp), %xmm0
        movapd  %xmm0, %xmm1
        movq    %rax, %rdx
        leaq    .LC3(%rip), %rcx
        call    printf
```

FPUを使うコード

以前は、実数の演算には387を使うコードが良く使われていました。

次のようにオプション -mfpmath=387 を付けることで、数値演算プロセッサ（387）を使うコードを生成することができます。

```
>gcc -S -mfpmath=387 rplusminus.c
```

加算と減算のプログラム rplusminus.c から生成したアセンブリ言語コードを次に示します。

リスト1.14●rplusminus.s（387利用）

```
        .file   "rplusminus.c"
        .def    __main; .scl    2;      .type   32;     .endef
        .section .rdata,"dr"
.LC2:
        .ascii "a+b=%lf\12\0"
.LC3:
        .ascii "a-b=%lf\12\0"
        .text
        .globl  main
        .def    main;   .scl    2;      .type   32;     .endef
```

1 計算式

```
        .seh_proc   main
main:
    pushq   %rbp
    .seh_pushreg    %rbp
    movq    %rsp, %rbp
    .seh_setframe   %rbp, 0
    subq    $64, %rsp
    .seh_stackalloc 64
    .seh_endprologue
    movl    %ecx, 16(%rbp)
    movq    %rdx, 24(%rbp)
    call    __main
    fldl    .LC0(%rip)
    fstpl   -8(%rbp)
    fldl    .LC1(%rip)
    fstpl   -16(%rbp)
    fldl    -8(%rbp)
    faddl   -16(%rbp)
    fstpl   -24(%rbp)
    movsd   -24(%rbp), %xmm1
    movsd   -24(%rbp), %xmm0
    movq    %xmm0, %rdx
    leaq    .LC2(%rip), %rcx
    call    printf
    fldl    -8(%rbp)
    fsubl   -16(%rbp)
    fstpl   -32(%rbp)
    movsd   -32(%rbp), %xmm1
    movsd   -32(%rbp), %xmm0
    movq    %xmm0, %rdx
    leaq    .LC3(%rip), %rcx
    call    printf
    movl    $0, %eax
    addq    $64, %rsp
    popq    %rbp
    ret
    .seh_endproc
```

```
        .section .rdata,"dr"
        .align 8
.LC0:
        .long   2061584302
        .long   1072934420
        .align 8
.LC1:
        .long   1717986918
        .long   1073899110
        .ident  "GCC: (tdm64-1) 5.1.0"
        .def    printf;    .scl   2;    .type   32;    .endef
```

ここでも、「call __main」以降のコード（網掛け部分）を検討します。

値をレジスタにロードするために、FLD 命令を使います。FLD 命令でロードした値はスタックのトップに保存されます。

スタックは値を積み重ねるように保存する仕組みで、ここでは（387 を使うコードでは）実数をスタックに保存し、スタック上で操作します。

そして、FSTP 命令でスタックトップの値をパラメータの場所にストアし、値をポップします。

```
        fldl    .LC0(%rip)
        fstpl   -8(%rbp)
```

その結果、最初変数 a の値である 1.23 が RBP-8 に保存されます。

同様に、2 番目の変数 b の値 2.3 を RBP-16 に保存します。

```
        fldl    .LC1(%rip)
        fstpl   -16(%rbp)
```

1 計算式

変数aの値（-8(%rbp)）を再びスタックSTにロードして、FADD命令で変数bの値（-16(%rbp)）を加算します。

```
        fldl    -8(%rbp)
        faddl   -16(%rbp)
```

FSTP命令でスタックトップの値を変数cの場所(-24(%rbp))にストアし、値をポップします。

```
        fstpl   -24(%rbp)
```

そして結果の値（変数cの値）を出力します。

```
        movsd   -24(%rbp), %xmm1
        movsd   -24(%rbp), %xmm0
        movq    %xmm0, %rdx
        leaq    .LC2(%rip), %rcx
        call    printf
```

引き算にはFSUB命令を使って同じように計算して出力します。

```
        fldl    -8(%rbp)
        fsubl   -16(%rbp)
        fstpl   -32(%rbp)
        movsd   -32(%rbp), %xmm1
        movsd   -32(%rbp), %xmm0
        movq    %xmm0, %rdx
        leaq    .LC3(%rip), %rcx
        call    printf
```

浮動小数点レジスタスタック

FPUを使うときには、8レベルの80ビット浮動小数点レジスタスタックが使われます。これは、st(0)～st(7)と呼ばれます。このスタックは、スタックに値が積まれ（プッシュし）たり取り除かれ（ポップされ）てもアドレスは変わらず、元の値は下のレベルに保存されます。

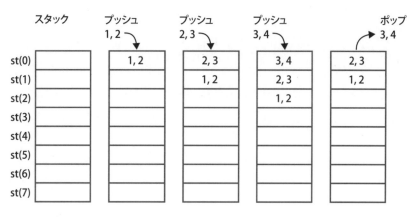

図1.7●浮動小数点レジスタスタック

これに対して、メモリ上に構築される一般的なスタック構造では、値をプッシュ／ポップするたびに先頭アドレスが変わります。

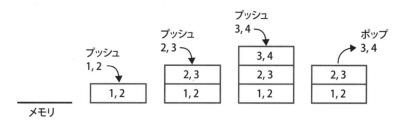

図1.8●メモリ上のスタックのイメージ

条件分岐

ここでは、C言語のif文やswitch文がコンピュータの内部でどのように実行されるのか見てみます。

2.1 if文

　アセンブリ言語には、(マクロを除いて) if文のような条件分岐の命令はありません。すべてジャンプ命令で実現しています。ここではif文がどのようなアセンブリコードになるのか調べてみましょう。

単純なif文

　最初に単純なif文を見てみましょう。

リスト2.1●simpleif.c

```c
/*
 * simpleif.c
 */
#include <stdio.h>

int main (int argc, char *argv[])
{
    int a;

    a = 10;

    if (a > 1)
        a += 2;

    printf("a=%d\n", a);

    return 0;
}
```

このプログラムは、変数aの値が1より大きければaに2を加算するプログラムです。コンパイルして実行した結果を次に示します。

```
>gcc -o simpleif simpleif.c
>simpleif
a=12
```

このC言語プログラムから「gcc -S」で生成したアセンブリ言語プログラムを次に示します。

リスト2.2●simpleif.s

```
    .file   "simpleif.c"
    .def    __main; .scl    2;      .type       32;     .endef
    .section .rdata,"dr"
.LC0:
    .ascii "a=%d\12\0"
    .text
    .globl  main
    .def    main;   .scl    2;      .type       32;     .endef
    .seh_proc    main
main:
    pushq   %rbp
    .seh_pushreg    %rbp
    movq    %rsp, %rbp
    .seh_setframe   %rbp, 0
    subq    $48, %rsp
    .seh_stackalloc 48
    .seh_endprologue
    movl    %ecx, 16(%rbp)
    movq    %rdx, 24(%rbp)
    call    __main
    movl    $10, -4(%rbp)
    cmpl    $1, -4(%rbp)
    jle     .L2
```

2 条件分岐

```
        addl    $2, -4(%rbp)
.L2:
        movl    -4(%rbp), %eax
        movl    %eax, %edx
        leaq    .LC0(%rip), %rcx
        call    printf
        movl    $0, %eax
        addq    $48, %rsp
        popq    %rbp
        ret
        .seh_endproc
        .ident  "GCC: (tdm64-1) 5.1.0"
        .def    printf;  .scl    2;     .type   32;     .endef
```

注目するのは main() 関数の printf() までです。

```
        int a;

        a = 10;

        if (a > 1)
            a += 2;

        printf("a=%d¥n", a);
```

アセンブリ言語プログラムでは「call __main」から print を呼び出して結果を出力するところまで（網掛け部分）です。

最初は変数 a（-4(%rbp)）に 10 を代入する MOV 命令です。

```
        movl    $10, -4(%rbp)
```

そして、「if (a > 1)」の「(a > 1)」に相当するコードで、値 1 と a（-4(%rbp)）を CMP 命令で比較します。

```
cmpl    $1, -4(%rbp)
```

CMP命令は、第2オペランドの値から第1オペランドの値を引き算し、引き算が起きたかのようにフラグをセットします。ただし、引き算の結果は保存しません。

フラグはCPUの中にあるレジスタの1つで、状態を保存します。

フラグは次のようにセットされます。

表2.1 ● フラグレジスタのフラグ

フラグ	名前	意味
OF	オーバーフロー	符号付き演算で桁あふれが発生
DF	ディレクション	ストリング操作命令で使い、CLDやSTDで設定・解除
IF	インタラプト・イネーブル	外部割込みの許可
TF	トラップ	トレースで実行するときのフラグ
SF	サイン	演算結果の符号が負数のとき1
ZF	ゼロ	演算結果がゼロのとき1
AF	補助キャリー	BCD演算で使用されるキャリー
PF	パリティ	演算結果で、各ビットで1となるビットの合計が偶数のとき1
CF	キャリー	通常の演算結果で桁あふれが発生したとき1

この場合は、CMP命令での比較のパラメータは「$1, -4(%rbp)」なので、「10 – 1」の結果がフラグレジスタにセットされます。次のJLE命令で変数aの値が0より小さいか等しい場合（ZF=1またはSF!=OF）に、ラベル.L2の場所にジャンプします。この場合はジャンプしないで「addl $2, -4(%rbp)」を実行します。これはC言語のコード「a += 2;」に相当します。

```
cmpl    $1, -4(%rbp)
jle     .L2             # RBP-4の値が1以下なら.L2にジャンプする
```

```
        addl    $2, -4(%rbp)
.L2:
```

後は`printf()`で結果を出力するだけです。

```
        movl    -4(%rbp), %eax
        movl    %eax, %edx
        leaq    .LC0(%rip), %rcx
        call    printf
```

ここでわかったことをまとめておくと、C言語のif文は、アセンブリ言語では比較とジャンプで実現されているということです。

もう少し複雑なif文を次に見てみましょう。

if ～ else... 文

ここでは、コンソールから入力した値によって分岐するif ～ else... 文について検討してみます。次に示すプログラムは、プロンプト「=>」を出力して整数を受け取り、正の数が入力されたらその値に10を加えて、負の数が入力されたら値を0(ゼロ)にして、結果を出力するプログラムです。

リスト2.3●ifel.c

```c
/*
 * ifel.c
 */
#include <stdio.h>

int main (int argc, char *argv[])
{
    int n;

    printf("=>");
```

```
    scanf("%d", &n);

    if (n > 1)
        n += 10;
    else
        n = 0;

    printf("n=%d¥n", n);

    return 0;
}
```

このプログラムをコンパイルして実行する例を示します。

```
>gcc -o ifel ifel.c

>ifel
=>8
n=18

>ifel
=>-5
n=0
```

このC言語プログラムから「gcc -S」で生成したアセンブリ言語プログラムを次に示します。

リスト2.4●ifel.s

```
    .file    "ifel.c"
    .def    __main;    .scl    2;    .type    32;    .endef
    .section .rdata,"dr"
.LC0:
```

2 条件分岐

```
        .ascii "=>\0"
.LC1:
        .ascii "%d\0"
.LC2:
        .ascii "n=%d\12\0"
        .text
        .globl  main
        .def    main;   .scl    2;      .type   32;     .endef
        .seh_proc       main
main:
        pushq   %rbp
        .seh_pushreg    %rbp
        movq    %rsp, %rbp
        .seh_setframe   %rbp, 0
        subq    $48, %rsp
        .seh_stackalloc 48
        .seh_endprologue
        movl    %ecx, 16(%rbp)
        movq    %rdx, 24(%rbp)
        call    __main
        leaq    .LC0(%rip), %rcx
        call    printf
        leaq    -4(%rbp), %rax
        movq    %rax, %rdx
        leaq    .LC1(%rip), %rcx
        call    scanf
        movl    -4(%rbp), %eax
        cmpl    $1, %eax
        jle     .L2
        movl    -4(%rbp), %eax
        addl    $10, %eax
        movl    %eax, -4(%rbp)
        jmp     .L3
.L2:
        movl    $0, -4(%rbp)
.L3:
        movl    -4(%rbp), %eax
```

```
        movl    %eax, %edx
        leaq    .LC2(%rip), %rcx
        call    printf
        movl    $0, %eax
        addq    $48, %rsp
        popq    %rbp
        ret
        .seh_endproc
        .ident  "GCC: (tdm64-1) 5.1.0"
        .def    printf;  .scl    2;   .type   32;   .endef
        .def    scanf;   .scl    2;   .type   32;   .endef
```

このプログラムはプロンプトの出力と入力があるので、条件分岐の前に入出力の部分を見ておきましょう。

「call __main」の後の2個の命令がプロンプトの出力、それに続く4個の命令がscanf()の呼び出しによる入力です（網掛けの最初の部分）。CALL命令を使った関数の呼び出しの前のコードは、関数呼び出しのパラメータの準備です。関数呼び出しについては第5章「関数呼び出し」で解説します。

scanf()を呼び出した結果として、入力された値はRBP-4（-4(%rbp)）に入っています。この値をいったんEAXに保存して、CMP命令で定数1と比較します。そして、JLE命令で、1より小さい場合はラベル.L2にジャンプします。

```
        movl    -4(%rbp), %eax
        cmpl    $1, %eax
        jle     .L2              # RBP-4（EAX）の値が1未満なら.L2にジャンプする
```

ラベル.L2にジャンプしたら「movl $0, -4(%rbp)」で変数nの値をゼロにします。

```
    .L2:
        movl    $0, -4(%rbp)
```

2 条件分岐

そうでなければ「jle .L2」の後の3個の命令（変数nの値に10を加える）を実行した後で、「jmp .L3」で無条件でラベル.L3にジャンプします。

```
        movl    -4(%rbp), %eax
        addl    $10, %eax
        movl    %eax, -4(%rbp)
        jmp     .L3                 # 無条件に.L3にジャンプする
```

.L3以降はこれまで見てきた出力のためのprintf()の呼び出しとその準備です（網掛けの最後の部分）。

if～else...文も、CPUの内部では比較とジャンプの命令で実行されていることがわかりました。

実数の条件式

これまではif文の条件式は整数の式でしたが、ここで実数の式を含むプログラムを見てみましょう。

次のプログラムは、プロンプト「=>」に対して実数値を入力し、数値がゼロのときには「Zero」、正の数のときには「Positive」、負の数のときには「Negative」と出力するプログラムです。

リスト2.5●rifel.c

```c
/*
 * rifel.c
 */
#include <stdio.h>

int main (int argc, char *argv[])
{
    double v;
```

```
    printf("=>");
    scanf("%lf", &v);
    
    if (v == 0.0)
        printf("Zero¥n");
    else if (v > 0.0)
        printf("Positive¥n");
    else
        printf("Negative¥n");
    
    return 0;
}
```

このプログラムをコンパイルして実行する例を次に示します。

```
>gcc -o rifel rifel.c

>rifel
=>2.3
Positive

>rifel
=>-6.58
Negative

>rifel
=>0.0
Zero
```

2 条件分岐

> 一般論として、C言語やC++のプログラムで実数の比較を等価比較演算子 == で行うのは好ましくありません。実数が内部で2進表現に変換されたり演算の際に発生する誤差のために、実数の内部の値が 0.0 にならない場合があるからです。
> 一般的には、実数が同じであるかどうか調べるときには次のように2つの数の絶対値を計算してその値がごく小さいかどうかで判断するべきです。
>
>   if (fabs(v - 0.0)< 0.000001)
>
> ただし、ここに示したサンプルプログラムの場合は誤差の発生によって等価演算が偽になることはないので、ここでは == を使っています。

実数を使った条件式があるC言語のプログラムをアセンブリ言語に変換しますが、ここではFPUを使うオプションを指定します。

```
>gcc -S -mfpmath=387 rifel.c
```

生成されたアセンブリコードを次に示します。

リスト2.6●rifel.s

```
    .file   "rifel.c"
    .def    __main; .scl    2;  .type   32; .endef
    .section .rdata,"dr"
.LC0:
    .ascii "=>\0"
.LC1:
    .ascii "%lf\0"
.LC3:
    .ascii "Zero\0"
.LC4:
    .ascii "Positive\0"
```

```
.LC5:
    .ascii "Negative\0"
    .text
    .globl  main
    .def    main;   .scl    2;      .type   32;     .endef
    .seh_proc       main
main:
    pushq   %rbp
    .seh_pushreg    %rbp
    movq    %rsp, %rbp
    .seh_setframe   %rbp, 0
    subq    $48, %rsp
    .seh_stackalloc 48
    .seh_endprologue
    movl    %ecx, 16(%rbp)
    movq    %rdx, 24(%rbp)
    call    __main
    leaq    .LC0(%rip), %rcx
    call    printf
    leaq    -8(%rbp), %rax
    movq    %rax, %rdx
    leaq    .LC1(%rip), %rcx
    call    scanf
    fldl    -8(%rbp)
    fldz
    fucomip %st(1), %st
    jp      .L11
    fldz
    fucomip %st(1), %st
    fstp    %st(0)
    jne     .L2
    leaq    .LC3(%rip), %rcx
    call    puts
    jmp     .L4
.L11:
    fstp    %st(0)
.L2:
```

2 条件分岐

```
        fldl    -8(%rbp)
        fldz
        fxch    %st(1)
        fucomip %st(1), %st
        fstp    %st(0)
        jbe     .L10
        leaq    .LC4(%rip), %rcx
        call    puts
        jmp     .L4
.L10:
        leaq    .LC5(%rip), %rcx
        call    puts
.L4:
        movl    $0, %eax
        addq    $48, %rsp
        popq    %rbp
        ret
        .seh_endproc
        .ident  "GCC: (tdm64-1) 5.1.0"
        .def    printf; .scl    2;      .type   32;     .endef
        .def    scanf;  .scl    2;      .type   32;     .endef
        .def    puts;   .scl    2;      .type   32;     .endef
```

「call __main」より後の関数の中身（網掛け部分）を調べてみます。

最初の命令は、プロンプト「=>」を出力する一連の命令です。

```
        call    __main
        leaq    .LC0(%rip), %rcx    # .LC0=.ascii "=>\0"
        call    printf
```

それに続くのは scanf() 関数を使った数値の入力です。

```
        leaq    -8(%rbp), %rax
        movq    %rax, %rdx
```

```
leaq    .LC1(%rip), %rcx    # .LC1=.ascii "%lf\0"
call    scanf
```

そして、変数 v の値（-8(%rbp)）を FLD 命令で ST0 にロードします。そして FLDZ 命令で FPU レジスタスタックに定数 0 をプッシュします。FUCOMIP 命令で ST と ST1 を比較して、その結果を CPU のフラグレジスタに書き込みます。FUCOMIP 命令はその後レジスタスタックをポップします。JP 命令はパリティがある(PF=1)と .L11 にジャンプします。

```
fldl    -8(%rbp)
fldz
fucomip %st(1), %st
jp      .L11
```

再び FLDZ 命令で FPU レジスタスタックに定数 0 をプッシュします。FUCOMIP 命令で ST0 と ST を比較して、その結果を CPU のフラグレジスタに書き込みます。FSTP 命令で ST0 に ST0 の中の値を保存します。それからレジスタスタックをポップします。その結果、等しくない（ゼロフラグ ZF が 0）の場合に、.L2 にジャンプします。

```
fldz
fucomip %st(1), %st
fstp    %st(0)
jne     .L2
```

ジャンプしなければ、「Zero」を出力します。

```
leaq    .LC3(%rip), %rcx    # .LC3=.ascii "Zero\0"
call    puts
jmp     .L4
```

ラベル .L11 に進んだら FSTP 命令で ST0 に ST0 の中の値を保存します。

```
.L11:
    fstp    %st(0)
```

　.L12 に進んだら、変数 v の値 (-8(%rbp)) を FLD 命令で ST0 にロードします。そして FLDZ 命令で FPU レジスタスタックに定数 0 をプッシュします。FXCH 命令で指定された ST1 と ST0 を交換します。FUCOMIP 命令で ST と ST1 を比較して、その結果を CPU のフラグレジスタに書き込みます。FUCOMIP 命令はその後レジスタスタックをポップします。FSTP 命令で ST0 に ST0 の中の値を保存します。それからレジスタスタックをポップします。JBE 命令は、より小か等しい (CF=1 ｜ ZF=1) という条件が満足された場合に、.L10 にジャンプします。

```
.L2:
    fldl    -8(%rbp)
    fldz
    fxch    %st(1)
    fucomip %st(1), %st
    fstp    %st(0)
    jbe     .L10
```

　ジャンプしなければ「Positive」を出力します。出力したらラベル .L4 (プログラムの最後) にジャンプします。

```
    leaq    .LC4(%rip), %rcx    # .LC4=.ascii "Positive¥0"
    call    puts
    jmp     .L4
```

　ラベル .L10 に進んだ場合は、「Negative」を出力します。

```
.L10:
    leaq    .LC5(%rip), %rcx    # .LC5=.ascii "Negative¥0"
    call    puts
.L4:
```

2.2 switch 文

次に switch 文について調べてみます。C 言語の switch 文は多重 if ～ else... 文で書き替えることができることを思い出してください。

単純な switch 文

まずはとても単純な switch 文の例を見てみましょう。

次の例は、数値 0 が入力されたら「Zero」、1 が入力されたら「One」と出力するプログラムです。

リスト2.7●switch.c

```c
/*
 * switch.c
 */
#include <stdio.h>

int main (int argc, char *argv[])
{
    int n;

    printf("=>");
    scanf("%d", &n);

    switch( n ) {
    case 0:
        printf("Zero¥n");
        break;
    case 1:
        printf("One¥n");
        break;
```

2 条件分岐

```
    }

    return 0;
}
```

このプログラムをコンパイルして実行する例を示します。

```
>gcc -o switch switch.c

>switch
=>1
One
```

この C 言語プログラムから「gcc -S」で生成したアセンブリ言語プログラムを次に示します。

リスト2.8●switch.s

```
    .file   "switch.c"
    .def    __main; .scl   2;   .type    32;   .endef
    .section .rdata,"dr"
.LC0:
    .ascii "=>\0"
.LC1:
    .ascii "%d\0"
.LC2:
    .ascii "Zero\0"
.LC3:
    .ascii "One\0"
    .text
    .globl  main
    .def    main;   .scl   2;   .type    32;   .endef
    .seh_proc   main
```

```
main:
    pushq   %rbp
    .seh_pushreg    %rbp
    movq    %rsp, %rbp
    .seh_setframe   %rbp, 0
    subq    $48, %rsp
    .seh_stackalloc 48
    .seh_endprologue
    movl    %ecx, 16(%rbp)
    movq    %rdx, 24(%rbp)
    call    __main
    leaq    .LC0(%rip), %rcx
    call    printf
    leaq    -4(%rbp), %rax
    movq    %rax, %rdx
    leaq    .LC1(%rip), %rcx
    call    scanf
    movl    -4(%rbp), %eax
    testl   %eax, %eax
    je      .L3
    cmpl    $1, %eax
    je      .L4
    jmp     .L2
.L3:
    leaq    .LC2(%rip), %rcx
    call    puts
    jmp     .L2
.L4:
    leaq    .LC3(%rip), %rcx
    call    puts
    nop
.L2:
    movl    $0, %eax
    addq    $48, %rsp
    popq    %rbp
    ret
    .seh_endproc
```

2 条件分岐

```
.ident  "GCC: (tdm64-1) 5.1.0"
.def    printf; .scl    2;      .type   32;     .endef
.def    scanf;  .scl    2;      .type   32;     .endef
.def    puts;   .scl    2;      .type   32;     .endef
```

「call __main」の後の7個の命令は、プロンプト「=>」をprintf()で出力して、scanf()で値を受け取るための命令です。

```
call    __main
leaq    .LC0(%rip), %rcx
call    printf
leaq    -4(%rbp), %rax
movq    %rax, %rdx
leaq    .LC1(%rip), %rcx
call    scanf
```

キーボードから受け取った値はRBP-4（-4(%rbp)）にあるのでそれをEAXに入れます。そして、EAXの値をTEST命令でビットのテストを行います。これは「testl %eax, %eax」の形式で使って、EAXの値がゼロであるかどうか調べる常套手段です。EAXの値がゼロであればゼロフラグ（ZF）が1になります。ZF=1になると、JE命令でラベル.L3にジャンプします。

ラベル.L3にジャンプしなければCMP命令で定数1とEAXを比較して、同じであればJE命令でラベル.L4にジャンプします。どちらとも一致しない場合（EAXが0でも1でもない場合）はJMP命令で単純に.L2にジャンプします。

```
        movl    -4(%rbp), %eax
        testl   %eax, %eax
        je      .L3
        cmpl    $1, %eax
        je      .L4
        jmp     .L2
.L3:
```

```
        leaq    .LC2(%rip), %rcx    # .LC2=.ascii "Zero\0"
        call    puts
        jmp     .L2
.L4:
        leaq    .LC3(%rip), %rcx    # .LC3=.ascii "One\0"
        call    puts
        nop
.L2:
```

ラベル.L3や.L4にジャンプしたら「Zero」や「One」を出力します。

default の処理

次に、ゼロ以外のcase文が最初にあって、default文もあるswitch文を考えてみましょう。

次のプログラムは、1が入力されたら「Plus One」と出力し、-1が入力されたら「Minus One」と出力し、それ以外の値が入力されたら「Other」と出力するプログラムです。

リスト2.9●default.c

```
/*
 * default.c
 */
#include <stdio.h>

int main (int argc, char *argv[])
{
    int n;

    printf("=>");
    scanf("%d", &n);

    switch( n ) {
    case 1:
```

```
            printf("Plus One¥n");
            break;
        case -1:
            printf("Minus One¥n");
            break;
        default:
            printf("Other¥n");
        }

        return 0;
    }
```

このC言語プログラムから「gcc -S」で生成したアセンブリ言語プログラムを次に示します。

リスト2.10●default.s

```
    .file    "default.c"
    .def    __main; .scl    2;    .type    32;    .endef
    .section .rdata,"dr"
.LC0:
    .ascii "=>¥0"
.LC1:
    .ascii "%d¥0"
.LC2:
    .ascii "Plus One¥0"
.LC3:
    .ascii "Minus One¥0"
.LC4:
    .ascii "Other¥0"
    .text
    .globl    main
    .def    main;    .scl    2;    .type    32;    .endef
    .seh_proc    main
main:
```

```
        pushq       %rbp
        .seh_pushreg    %rbp
        movq        %rsp, %rbp
        .seh_setframe   %rbp, 0
        subq        $48, %rsp
        .seh_stackalloc 48
        .seh_endprologue
        movl        %ecx, 16(%rbp)
        movq        %rdx, 24(%rbp)
        call        __main
        leaq        .LC0(%rip), %rcx
        call        printf
        leaq        -4(%rbp), %rax
        movq        %rax, %rdx
        leaq        .LC1(%rip), %rcx
        call        scanf
        movl        -4(%rbp), %eax
        cmpl        $-1, %eax
        je          .L3
        cmpl        $1, %eax
        jne         .L7
        leaq        .LC2(%rip), %rcx
        call        puts
        jmp         .L5
.L3:
        leaq        .LC3(%rip), %rcx
        call        puts
        jmp         .L5
.L7:
        leaq        .LC4(%rip), %rcx
        call        puts
.L5:
        movl        $0, %eax
        addq        $48, %rsp
        popq        %rbp
        ret
        .seh_endproc
```

```
        .ident   "GCC: (tdm64-1) 5.1.0"
        .def     printf;  .scl    2;      .type    32;     .endef
        .def     scanf;   .scl    2;      .type    32;     .endef
        .def     puts;    .scl    2;      .type    32;     .endef
```

　このコードの、入力の関数である scanf() を呼び出す後（網掛け部分）のコードを見てみましょう。

　EAX に保存した値は、CMP 命令で定数 −1 と比較します。そして JE 命令で値が同じならば .L3 にジャンプします。そうでなければその後の CMP 命令で定数 1 と比較します。そして値が同じでなければ JNE 命令で .L7 にジャンプします。1 度もジャンプしなければ、EAX の値は −1 でなくて 1 なので「Plus One」を出力します。

　.L3 や .L7 にジャンプした場合はそれぞれ「Minus One」や「Other」と出力して .L5 に進みます。

3 ループ

ここではループのアセンブリ命令を見てみます。

3 ループ

3.1 while ループ

ここでは、最も基本的な while ループについて調べます。

単純な while ループ

ここでは 1 以上 9 以下の数を入力すると、その 2 倍、さらにその 2 倍……と計算して 100 を超える最初の数を出力するプログラムを作ります。例えば、8 という値に対して、それを 2 倍した数は 16、16 を 2 倍した数は 32、32 を 2 倍した数は 64、64 を 2 倍した数は 128 となり、128 が求める数です。

このような繰り返しの回数があらかじめわかっていない場合には while ループが適切です。

リスト3.1 ● whileloop.c

```c
/*
 * whileloop.c
 */
#include <stdio.h>

int main (int argc, char *argv[])
{
    int n;

    printf("1...9=>");
    scanf("%d", &n);

    while(n<100) {
        n += n;
    }
```

```
    printf("n=%d\n", n);

    return 0;
}
```

このプログラムをコンパイルして実行した例を次に示します。

```
>gcc -o whileloop whileloop.c
>whileloop
1...9=>5
n=160
```

このC言語プログラムから「gcc -S」で生成したアセンブリ言語プログラムを次に示します。

リスト3.2●whileloop.s

```
    .file   "whileloop.c"
    .def    __main; .scl   2;    .type    32;    .endef
    .section .rdata,"dr"
.LC0:
    .ascii "1...9=>\0"
.LC1:
    .ascii "%d\0"
.LC2:
    .ascii "n=%d\12\0"
    .text
    .globl  main
    .def    main;    .scl    2;    .type   32;    .endef
    .seh_proc    main
main:
    pushq   %rbp
    .seh_pushreg    %rbp
```

3 ループ

```
        movq    %rsp, %rbp
        .seh_setframe   %rbp, 0
        subq    $48, %rsp
        .seh_stackalloc 48
        .seh_endprologue
        movl    %ecx, 16(%rbp)
        movq    %rdx, 24(%rbp)
        call    __main
        leaq    .LC0(%rip), %rcx
        call    printf
        leaq    -4(%rbp), %rax
        movq    %rax, %rdx
        leaq    .LC1(%rip), %rcx
        call    scanf
        jmp     .L2
.L3:
        movl    -4(%rbp), %edx
        movl    -4(%rbp), %eax
        addl    %edx, %eax
        movl    %eax, -4(%rbp)
.L2:
        movl    -4(%rbp), %eax
        cmpl    $99, %eax
        jle     .L3
        movl    -4(%rbp), %eax
        movl    %eax, %edx
        leaq    .LC2(%rip), %rcx
        call    printf
        movl    $0, %eax
        addq    $48, %rsp
        popq    %rbp
        ret
        .seh_endproc
        .ident  "GCC: (tdm64-1) 5.1.0"
        .def    printf; .scl    2;      .type   32;     .endef
        .def    scanf;  .scl    2;      .type   32;     .endef
```

「`call scanf`」の後（網掛け部分）に焦点を当てます。
まず、ラベル .L2 にジャンプします。

```
    jmp     .L2
```

ラベル .L2 からのコードは、while 文の条件式に対応し、まず変数 n（-4(%rbp)）の値を EAX に入れて、CMP 命令で定数 99 と比較します。そして、99 かそれ以下なら、ラベル .L3 にジャンプします。

```
.L2:
    movl    -4(%rbp), %eax
    cmpl    $99, %eax              # (n<100)?
    jle     .L3
```

ラベル .L3 からのコードは、変数 n（-4(%rbp)）の値を EDX と EAX に入れて ADD 命令で加算します。そして結果を変数 n（-4(%rbp)）に保存します。

```
.L3:
    movl    -4(%rbp), %edx
    movl    -4(%rbp), %eax
    addl    %edx, %eax
    movl    %eax, -4(%rbp)
```

この部分が繰り返しのたびに実行されるコードです。この場合、while 文の条件式に対応する部分が繰り返しのたびに実行されるコードの後に置かれています。

次に、条件式を最後に記述する do〜while... 文を見てみましょう。

3 ループ

do ～ while...

同じプログラムを do ～ while... 文で書き直してみます。

リスト3.3●doloop.c

```c
/*
 * doloop.c
 */
#include <stdio.h>

int main (int argc, char *argv[])
{
    int n;

    printf("1...9=>");
    scanf("%d", &n);

    do {
        n += n;
    } while(n<100);

    printf("n=%d¥n", n);

    return 0;
}
```

このプログラムをコンパイルして実行した例を次に示します。

```
>gcc -o doloop doloop.c
>doloop
1...9=>5
n=160
```

このC言語プログラムから「gcc -S」で生成したアセンブリ言語プログラムを次に示します。

リスト3.4 ● doloop.s

```
    .file   "doloop.c"
    .def    __main; .scl    2;      .type   32;     .endef
    .section .rdata,"dr"
.LC0:
    .ascii "1...9=>\0"
.LC1:
    .ascii "%d\0"
.LC2:
    .ascii "n=%d\12\0"
    .text
    .globl  main
    .def    main;   .scl    2;      .type   32;     .endef
    .seh_proc       main
main:
    pushq   %rbp
    .seh_pushreg    %rbp
    movq    %rsp, %rbp
    .seh_setframe   %rbp, 0
    subq    $48, %rsp
    .seh_stackalloc 48
    .seh_endprologue
    movl    %ecx, 16(%rbp)
    movq    %rdx, 24(%rbp)
    call    __main
    leaq    .LC0(%rip), %rcx
    call    printf
    leaq    -4(%rbp), %rax
    movq    %rax, %rdx
    leaq    .LC1(%rip), %rcx
    call    scanf
.L2:
```

3 ループ

```
        movl    -4(%rbp), %edx
        movl    -4(%rbp), %eax
        addl    %edx, %eax
        movl    %eax, -4(%rbp)
        movl    -4(%rbp), %eax
        cmpl    $99, %eax
        jle     .L2
        movl    -4(%rbp), %eax
        movl    %eax, %edx
        leaq    .LC2(%rip), %rcx
        call    printf
        movl    $0, %eax
        addq    $48, %rsp
        popq    %rbp
        ret
        .seh_endproc
        .ident  "GCC: (tdm64-1) 5.1.0"
        .def    printf; .scl    2;      .type   32;     .endef
        .def    scanf;  .scl    2;      .type   32;     .endef
```

ここでも「call scanf」の後（網掛け部分）に焦点を当てます。

ラベル .L2 からのコードは、変数 n（-4(%rbp)）の値を EDX と EAX に入れて ADD 命令で加算します。そして結果を変数 n（-4(%rbp)）に保存します。

```
    .L2:
        movl    -4(%rbp), %edx
        movl    -4(%rbp), %eax
        addl    %edx, %eax
        movl    %eax, -4(%rbp)
```

そして、続くコードは、do 〜 while... 文の条件式に対応し、EAX の値を CMP 命令で定数 99 と比較します。そして、99 かそれ以下なら、ラベル .L2 にジャンプします。

```
       cmpl    $99, %eax
       jle     .L2
```

ちなみに、このプログラムの変数 n（-4(%rbp)）の値を EAX に入れたりその逆をするコードは無駄なコードです。

```
   .L2:
       movl    -4(%rbp), %edx
       movl    -4(%rbp), %eax
       addl    %edx, %eax
       movl    %eax, -4(%rbp)     # この命令と
       movl    -4(%rbp), %eax     # この命令は無駄
       cmpl    $99, %eax
       jle     .L2
       movl    -4(%rbp), %eax
```

この無駄なコードを削除してアセンブルすると、より速いプログラムになります。

while のブレーク

while ループのようなループは、break 文でループを終了してループから抜け出ることができます。

次の例は、while の無限ループを途中でブレークするプログラムの例です。このプログラムは 1 以上 9 以下の数を入力すると、その 2 倍、さらにその 2 倍……と計算して 100 を超える最初の数を出力するプログラムです。

リスト3.5●whilebreak.c

```c
/*
 * whilebreak.c
 */
#include <stdio.h>
```

3 ループ

```
int main (int argc, char *argv[])
{
    int n;

    printf("1...9=>");
    scanf("%d", &n);

    while( 1 ) {
        n += n;
        if ( n >= 100)
            break;
    }

    printf("n=%d\n", n);

    return 0;
}
```

このプログラムをコンパイルして実行した例を次に示します。

```
>gcc -o whilebreak whilebreak.c
>whilebreak
1...9=>5
n=160
```

このC言語プログラムから「gcc -S」で生成したアセンブリ言語プログラムを次に示します。

リスト3.6●whilebreak.s

```
    .file   "whilebreak.c"
    .def    __main; .scl    2;  .type   32; .endef
    .section .rdata,"dr"
```

```
.LC0:
    .ascii "1...9=>\0"
.LC1:
    .ascii "%d\0"
.LC2:
    .ascii "n=%d\12\0"
    .text
    .globl  main
    .def    main;   .scl    2;  .type   32; .endef
    .seh_proc   main
main:
    pushq   %rbp
    .seh_pushreg    %rbp
    movq    %rsp, %rbp
    .seh_setframe   %rbp, 0
    subq    $48, %rsp
    .seh_stackalloc 48
    .seh_endprologue
    movl    %ecx, 16(%rbp)
    movq    %rdx, 24(%rbp)
    call    __main
    leaq    .LC0(%rip), %rcx
    call    printf
    leaq    -4(%rbp), %rax
    movq    %rax, %rdx
    leaq    .LC1(%rip), %rcx
    call    scanf
.L4:
    movl    -4(%rbp), %edx
    movl    -4(%rbp), %eax
    addl    %edx, %eax
    movl    %eax, -4(%rbp)
    movl    -4(%rbp), %eax
    cmpl    $99, %eax
    jg      .L7
    jmp     .L4
.L7:
```

3 ループ

```
    nop
    movl    -4(%rbp), %eax
    movl    %eax, %edx
    leaq    .LC2(%rip), %rcx
    call    printf
    movl    $0, %eax
    addq    $48, %rsp
    popq    %rbp
    ret
    .seh_endproc
    .ident  "GCC: (tdm64-1) 5.1.0"
    .def    printf; .scl    2;      .type   32;     .endef
    .def    scanf;  .scl    2;      .type   32;     .endef
```

「call scanf」の後（網掛け部分）に焦点を当てます。

ラベル.L4 からのコードは、変数 n（-4(%rbp)）の値を EDX と EAX に入れて ADD 命令で加算します。そして結果を変数 n（-4(%rbp)）に保存します。

```
.L4:
    movl    -4(%rbp), %edx
    movl    -4(%rbp), %eax
    addl    %edx, %eax
    movl    %eax, -4(%rbp)
```

計算結果は再び EAX に保存して、定数 99 と比較します。そして、EAX の値が 100 以上ならラベル.L7 にジャンプします。これでループを抜けます。EAX の値が 100 未満ならラベル.L4 にジャンプしてループを継続します。

```
    movl    -4(%rbp), %eax
    cmpl    $99, %eax
    jg      .L7
    jmp     .L4
.L7:
    nop
```

最後の NOP は、「何もしない（No Operation）」という命令で、ジャンプ先のラベルを定義するために良く使われます。

3.2 for ループ

ここでは通常はインデックスを利用する for ループについて考えてみます。

典型的な for ループ

典型的な for ループは、次の書式で、カウンタ変数をインクリメントまたはデクリメントしながら、一定の文を繰り返します。

```
for ( カウンタ変数=初期値；条件式；ループ式) {
   /* 繰り返して実行する文 */
}
```

次のプログラムは、ユーザーが整数を入力すると、1 から順に入力した値まで加算した結果を出力します。

リスト3.7●forloop.c

```c
/*
 * forloop.c
 */
#include <stdio.h>

int main (int argc, char *argv[])
```

3 ループ

```c
{
    int i, n, sum;

    printf("1...9=>");
    scanf("%d", &n);

    sum = 0;
    for (i=1; i<=n; i++) {
        sum += i;
    }
    printf("sum=%d¥n", sum);

    return 0;
}
```

このプログラムをコンパイルして実行した例を次に示します。

```
>gcc -o forloop forloop.c
>forloop
1...9=>5
n=15
```

このC言語プログラムから「gcc -S」で生成したアセンブリ言語プログラムを次に示します。

リスト3.8●forloop.s

```
    .file   "forloop.c"
    .def    __main;  .scl    2;   .type    32;    .endef
    .section .rdata,"dr"
.LC0:
    .ascii "1...9=>¥0"
.LC1:
```

```
        .ascii  "%d\0"
.LC2:
        .ascii  "sum=%d\12\0"
        .text
        .globl  main
        .def    main;   .scl    2;      .type   32;     .endef
        .seh_proc       main
main:
        pushq   %rbp
        .seh_pushreg    %rbp
        movq    %rsp, %rbp
        .seh_setframe   %rbp, 0
        subq    $48, %rsp
        .seh_stackalloc 48
        .seh_endprologue
        movl    %ecx, 16(%rbp)
        movq    %rdx, 24(%rbp)
        call    __main
        leaq    .LC0(%rip), %rcx
        call    printf
        leaq    -12(%rbp), %rax
        movq    %rax, %rdx
        leaq    .LC1(%rip), %rcx
        call    scanf
        movl    $0, -8(%rbp)
        movl    $1, -4(%rbp)
        jmp     .L2
.L3:
        movl    -4(%rbp), %eax
        addl    %eax, -8(%rbp)
        addl    $1, -4(%rbp)
.L2:
        movl    -12(%rbp), %eax
        cmpl    %eax, -4(%rbp)
        jle     .L3
        movl    -8(%rbp), %eax
        movl    %eax, %edx
```

3 ループ

```
        leaq    .LC2(%rip), %rcx
        call    printf
        movl    $0, %eax
        addq    $48, %rsp
        popq    %rbp
        ret
        .seh_endproc
        .ident  "GCC: (tdm64-1) 5.1.0"
        .def    printf; .scl    2;      .type   32;     .endef
        .def    scanf;  .scl    2;      .type   32;     .endef
```

　scanf()を呼び出すコード以降（網掛け部分）を見てみましょう。対応するアセンブリコードでは、変数sum(-8(%rbp))に定数0を保存した後で、変数i(-4(%rbp))に定数1を入れています。そしてラベル.L2にジャンプします。

```
        call    scanf
        movl    $0, -8(%rbp)
        movl    $1, -4(%rbp)
        jmp     .L2
```

　ラベル.L3からのコードは変数i(-4(%rbp))の値をEAXに入れた後で、変数sum(-8(%rbp))の値にEAXの値を加算してから、変数i(-4(%rbp))の値に1を加算します。

```
.L3:
        movl    -4(%rbp), %eax
        addl    %eax, -8(%rbp)
        addl    $1, -4(%rbp)
```

　ラベル.L2からのコードは、変数n(-12(%rbp))の値をEAXに入れてから、CMP命令で変数i(-4(%rbp))の値と比較します。そして、iの値のほうが小さければラベル.L3に戻ります。

```
.L2:
    movl    -12(%rbp), %eax
    cmpl    %eax, -4(%rbp)
    jle     .L3
    movl    -8(%rbp), %eax
    movl    %eax, %edx
    leaq    .LC2(%rip), %rcx
    call    printf
```

そうでなければ結果を出力します。

このプログラムの変数とメモリの状態を整理すると次のようになります。

表3.1●変数とメモリ

変数	場所
i	-4(%rbp)
sum	-8(%rbp)
n	-12(%rbp)

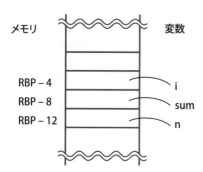

図3.1●メモリの状態

3 ループ

複数の制御変数

次のプログラムは、2つの制御変数を持つforループがあるプログラムの例です。このプログラムは単純に数を加算しているだけで、計算結果に特定の意味はありません。

リスト3.9●dcvloop.c

```c
/*
 * dcvloop.c
 */
#include <stdio.h>

int main (int argc, char *argv[])
{
    int i, j, n, sum;

    printf("1...9=>");
    scanf("%d", &n);

    sum = 0;
    for (i=0, j=n-1; i<n; i++, j--) {
        sum += i * j;
    }
    printf("sum=%d\n", sum);

    return 0;
}
```

このプログラムをコンパイルして実行した例を次に示します。

```
>gcc -o dcvloop dcvloop.c
>dcvloop
1...9=>5
sum=10
```

このC言語プログラムから「gcc -S」で生成したアセンブリ言語プログラムを次に示します。

リスト3.10●dcvloop.s

```
    .file   "dcvloop.c"
    .def    __main; .scl    2;  .type   32; .endef
    .section .rdata,"dr"
.LC0:
    .ascii "1...9=>\0"
.LC1:
    .ascii "%d\0"
.LC2:
    .ascii "sum=%d\12\0"
    .text
    .globl  main
    .def    main;   .scl    2;  .type   32; .endef
    .seh_proc   main
main:
    pushq   %rbp
    .seh_pushreg    %rbp
    movq    %rsp, %rbp
    .seh_setframe   %rbp, 0
    subq    $48, %rsp
    .seh_stackalloc 48
    .seh_endprologue
    movl    %ecx, 16(%rbp)
    movq    %rdx, 24(%rbp)
    call    __main
    leaq    .LC0(%rip), %rcx
    call    printf
    leaq    -16(%rbp), %rax
    movq    %rax, %rdx
    leaq    .LC1(%rip), %rcx
    call    scanf
    movl    $0, -12(%rbp)
```

3 ループ

```
        movl    $0, -4(%rbp)
        movl    -16(%rbp), %eax
        subl    $1, %eax
        movl    %eax, -8(%rbp)
        jmp     .L2
.L3:
        movl    -4(%rbp), %eax
        imull   -8(%rbp), %eax
        addl    %eax, -12(%rbp)
        addl    $1, -4(%rbp)
        subl    $1, -8(%rbp)
.L2:
        movl    -16(%rbp), %eax
        cmpl    %eax, -4(%rbp)
        jl      .L3
        movl    -12(%rbp), %eax
        movl    %eax, %edx
        leaq    .LC2(%rip), %rcx
        call    printf
        movl    $0, %eax
        addq    $48, %rsp
        popq    %rbp
        ret
        .seh_endproc
        .ident  "GCC: (tdm64-1) 5.1.0"
        .def    printf; .scl    2;      .type   32;     .endef
        .def    scanf;  .scl    2;      .type   32;     .endef
```

　scanf()の呼び出し以降（網掛け部分）を見てみます。

　まず、変数sum(-12(%rbp))と変数n(-4(%rbp))の値を0にしています。そして、変数n(-16(%rbp))の値をEAXに入れてSUB命令で1だけ引きます。この値を変数j(-8(%rbp))に保存します。そしてラベル.L2にジャンプします。

```
        call    scanf
        movl    $0, -12(%rbp)
        movl    $0, -4(%rbp)
        movl    -16(%rbp), %eax
        subl    $1, %eax
        movl    %eax, -8(%rbp)
        jmp     .L2
```

ラベル .L3 以降は、変数 i (-4(%rbp)) の値を EAX に入れてから IMUL 命令で変数 j (-8(%rbp)) の値を掛けます。その結果を変数 sum (-12(%rbp)) に加算します。

```
.L3:
        movl    -4(%rbp), %eax
        imull   -8(%rbp), %eax
        addl    %eax, -12(%rbp)
```

それから変数 i (-4(%rbp)) の値をインクリメントし、変数 j の値をデクリメントします。

```
        addl    $1, -4(%rbp)
        subl    $1, -8(%rbp)
```

ラベル .L2 以降は、変数 n と変数 i の値を比較して n のほうが大きければラベル .L3 にジャンプします。そうでなければ結果を出力します。

```
.L2:
        movl    -16(%rbp), %eax
        cmpl    %eax, -4(%rbp)
        jl      .L3
        movl    -12(%rbp), %eax
        movl    %eax, %edx
        leaq    .LC2(%rip), %rcx
        call    printf
```

このプログラムの変数とメモリの状態を次に示します。

表3.2●変数とメモリ

変数	場所
i	-4(%rbp)
j	-8(%rbp)
sum	-12(%rbp)
n	-16(%rbp)

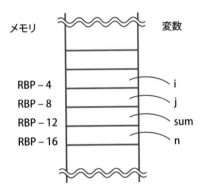

図3.2●メモリの状態

for の無限ループ

for 文は次の形式で無限ループにすることがあります。

```
for (;;) {
    /* 繰り返し実行されるステートメント */
}
```

この方法は、デバッグのときに繰り返し回数を制限し、リリースバージョンでは無限ループにしたいときなどに特に便利です。

次の例は、forの無限ループを途中でブレークするプログラムの例です。このプログラムは1以上9以下の数を入力すると、その2倍、さらにその2倍……と計算して100を超える最初の数を出力するプログラムです。

リスト3.11● forbreak.c

```c
/*
 * forbreak.c
 */
#include <stdio.h>

int main (int argc, char *argv[])
{
    int n;

    printf("1...9=>");
    scanf("%d", &n);

    for(;;) {
        n += n;
        if ( n >= 100)
            break;
    }

    printf("n=%d¥n", n);

    return 0;
}
```

このプログラムをコンパイルして実行した例を次に示します。

```
>gcc -o forbreak forbreak.c
>forbreak
```

```
1...9=>5
n=160
```

このC言語プログラムから「gcc -S」で生成したアセンブリ言語プログラムを次に示します。

リスト3.12● forbreak.s

```
    .file   "forbreak.c"
    .def    __main; .scl    2;      .type   32;     .endef
    .section .rdata,"dr"
.LC0:
    .ascii "1...9=>\0"
.LC1:
    .ascii "%d\0"
.LC2:
    .ascii "n=%d\12\0"
    .text
    .globl  main
    .def    main;   .scl    2;      .type   32;     .endef
    .seh_proc       main
main:
    pushq   %rbp
    .seh_pushreg    %rbp
    movq    %rsp, %rbp
    .seh_setframe   %rbp, 0
    subq    $48, %rsp
    .seh_stackalloc 48
    .seh_endprologue
    movl    %ecx, 16(%rbp)
    movq    %rdx, 24(%rbp)
    call    __main
    leaq    .LC0(%rip), %rcx
    call    printf
    leaq    -4(%rbp), %rax
```

```
        movq    %rax, %rdx
        leaq    .LC1(%rip), %rcx
        call    scanf
.L4:
        movl    -4(%rbp), %edx
        movl    -4(%rbp), %eax
        addl    %edx, %eax
        movl    %eax, -4(%rbp)
        movl    -4(%rbp), %eax
        cmpl    $99, %eax
        jg      .L7
        jmp     .L4
.L7:
        nop
        movl    -4(%rbp), %eax
        movl    %eax, %edx
        leaq    .LC2(%rip), %rcx
        call    printf
        movl    $0, %eax
        addq    $48, %rsp
        popq    %rbp
        ret
        .seh_endproc
        .ident  "GCC: (tdm64-1) 5.1.0"
        .def    printf; .scl    2;      .type   32;     .endef
        .def    scanf;  .scl    2;      .type   32;     .endef
```

　ここでも scanf() の呼び出しの後（網掛け部分）に注目します。

　ラベル .L4 の後は、変数 n（-4(%rbp)）の値を EDX と EAX に入れて加算します。そしてその結果を変数 n（-4(%rbp)）に保存します。そして EAX と 99 を比較して EAX の値がより大きければラベル .L7 にジャンプして結果を出力し、そうでなければ .L4 にジャンプして n の値を加える操作を繰り返します。

3 ループ

　この章ではループを扱いましたが、いずれの場合もジャンプと比較で繰り返しの構造を形成していることがわかります。

データとデータ構造

ここでは、C言語プログラムの中のデータやデータ構造が、メモリ上でどのように保存されて、CPUでどのように扱われているのかを見てみます。

4.1 配列

配列は同じ型のデータをまとめて扱うことができる便利なデータ構造です。

文字の配列

ここでは、文字配列にデータを入れて文字列を作り、それを出力するC言語プログラムを作ります。

リスト4.1●smake.c

```c
/*
 * smake.c
 */
#include <stdio.h>

int main(int argc, char* argv[])
{
    char str[10];
    int i, n;

    n = 9;
    for (i=0; i<n; i++) {
        str[i] = 0x41 + i;
    }
    str[n]= 0;

    printf("str=[%s]\n", str);

    return 0;
}
```

このプログラムは、str という名前の char 型の文字配列を宣言し、そこに 0x41 以降の値（値 0x41 は ASCII で 'A'）を順に入れます。これで str という配列の中に "ABCDEFGHI" という文字列ができるので、最後に文字列の最後を表す NULL (0) を追加して出力します。

このプログラムをコンパイルして実行した結果を次に示します。

```
>gcc -o smake smake.c
>smake
str=[ABCDEFGHI]
```

この C 言語プログラムから「gcc -S」で生成したアセンブリ言語プログラムを次に示します。

リスト4.2●smake.s

```
    .file   "smake.c"
    .def    __main; .scl   2;      .type     32;      .endef
    .section .rdata,"dr"
.LC0:
    .ascii "str=[%s]\12\0"
    .text
    .globl  main
    .def    main;   .scl   2;      .type     32;      .endef
    .seh_proc    main
main:
    pushq   %rbp
    .seh_pushreg    %rbp
    movq    %rsp, %rbp
    .seh_setframe   %rbp, 0
    subq    $64, %rsp
    .seh_stackalloc 64
    .seh_endprologue
    movl    %ecx, 16(%rbp)
```

```
        movq    %rdx, 24(%rbp)
        call    __main
        movl    $9, -8(%rbp)
        movl    $0, -4(%rbp)
        jmp     .L2
.L3:
        movl    -4(%rbp), %eax
        addl    $65, %eax
        movl    %eax, %edx
        movl    -4(%rbp), %eax
        cltq
        movb    %dl, -32(%rbp,%rax)
        addl    $1, -4(%rbp)
.L2:
        movl    -4(%rbp), %eax
        cmpl    -8(%rbp), %eax
        jl      .L3
        movl    -8(%rbp), %eax
        cltq
        movb    $0, -32(%rbp,%rax)
        leaq    -32(%rbp), %rax
        movq    %rax, %rdx
        leaq    .LC0(%rip), %rcx
        call    printf
        movl    $0, %eax
        addq    $64, %rsp
        popq    %rbp
        ret
        .seh_endproc
        .ident  "GCC: (tdm64-1) 5.1.0"
        .def    printf; .scl    2;      .type   32;     .endef
```

main()を呼び出す直後から見ていきます（網掛け部分）。

最初の2個のMOV命令は、変数n（-8(%rbp)）と変数i（-4(%rbp)）に値を設定

します。そして、ラベル .L2 にジャンプします。

```
        movl    $9, -8(%rbp)
        movl    $0, -4(%rbp)
        jmp     .L2
```

ラベル .L3 からは for ループの中身です。変数 i (-4(%rbp)) の値を EAX に入れて、$65 (16 進数で 41) を加算します。これで大文字の A 以降の文字コードが生成されます。

```
.L3:
        movl    -4(%rbp), %eax
        addl    $65, %eax
```

$65 を加算した結果（生成した文字コード）は EAX にあるので EDX に移動し、変数 i (-4(%rbp)) の値を EAX に移動します。そして CTLQ 命令で EAX の値を RAX に拡張します。

```
        movl    %eax, %edx
        movl    -4(%rbp), %eax
        cltq
```

EDX の中の DL の部分には生成した文字コードが入っています。これを RBP-32+RAX に保存します。これは変数 str[0] に相当します。

```
        movb    %dl, -32(%rbp,%rax)
```

変数 i (-4(%rbp)) の値をインクリメントし、ラベル .L2 に達します。

```
        addl    $1, -4(%rbp)
```

変数 i (-4(%rbp)) の値と変数 n (-8(%rbp)) の値を JL 命令で比較して、n のほうが大きければラベル .L3 にジャンプします。そうでなければ、str[9] の値をゼロ

にします。これは str[9]='¥0' にする操作です。

```
.L2:
    movl    -4(%rbp), %eax
    cmpl    -8(%rbp), %eax
    jl      .L3
    movl    -8(%rbp), %eax
    cltq
    movb    $0, -32(%rbp,%rax)
```

メモリの状況は次のようになっています。

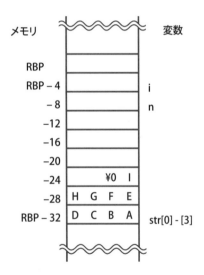

図4.1●メモリの状態

これで、配列はコンピュータの中では単にメモリ上の連続した領域であることと、インデックスの値に相当する値を操作することで任意のメモリにアクセスできるということがわかります。

実数配列

次に、実数の配列を見てみましょう。次のプログラムは、10個の実数値を生成してその平均値を計算するプログラムです。

リスト4.3●rarray.c

```c
/*
 * rarray.c
 */
#include <stdio.h>
#include <stdlib.h>
#include <time.h>

int main (int argc, char *argv[])
{
    int i;
    double x[10];
    double total;
    time_t t;

    srand((unsigned int) time(&t)); // 乱数ジェネレータの初期化

    total = 0.0;

    for(i=0; i<10; i++) {
        x[i] = 1.0 * rand() / 100.0;
        printf("x[%d]=%lf\n", i, x[i]);
    }

    for(i=0; i<10; i++) {
        total += x[i];
    }

    printf("Average=%lf\n", total/10);
```

4 データとデータ構造

```
        return 0;
}
```

このプログラムの実行例を次に示します。

```
x[0]=303.740000
x[1]=42.590000
x[2]=62.860000
x[3]=11.750000
x[4]=258.090000
x[5]=20.610000
x[6]=327.170000
x[7]=114.260000
x[8]=1.460000
x[9]=290.330000
Average=143.286000
```

このC言語プログラムからFPUを使ったアセンブリ言語プログラムを生成します。FPUを使うのでオプション -mfpmath=387 を追加指定します。

```
>gcc -S -mfpmath=387 rarray.c
```

生成されたアセンブリコードを次に示します。

リスト4.4● rarray.s

```
    .file   "rarray.c"
    .def    __main; .scl    2;      .type       32;     .endef
    .section .rdata,"dr"
.LC2:
    .ascii "x[%d]=%lf\12\0"
```

4.1 配列

```
.LC4:
    .ascii "Average=%lf\12\0"
    .text
    .globl  main
    .def    main;   .scl    2;  .type   32; .endef
    .seh_proc   main
main:
    pushq   %rbp
    .seh_pushreg    %rbp
    movq    %rsp, %rbp
    .seh_setframe   %rbp, 0
    subq    $160, %rsp
    .seh_stackalloc 160
    .seh_endprologue
    movl    %ecx, 16(%rbp)
    movq    %rdx, 24(%rbp)
    call    __main
    leaq    -104(%rbp), %rax
    movq    %rax, %rcx
    call    time
    movl    %eax, %ecx
    call    srand
    fldz
    fstpl   -16(%rbp)
    movl    $0, -4(%rbp)
    jmp     .L2
.L3:
    call    rand
    movl    %eax, -120(%rbp)
    fildl   -120(%rbp)
    fldl    .LC1(%rip)
    fdivrp  %st, %st(1)
    movl    -4(%rbp), %eax
    cltq
    fstpl   -96(%rbp,%rax,8)
    movl    -4(%rbp), %eax
    cltq
```

```
        fldl    -96(%rbp,%rax,8)
        fstpl   -120(%rbp)
        movq    -120(%rbp), %rax
        movq    %rax, %rdx
        movq    %rdx, -120(%rbp)
        movsd   -120(%rbp), %xmm1
        movq    %rax, -120(%rbp)
        movsd   -120(%rbp), %xmm0
        movl    -4(%rbp), %eax
        movapd  %xmm1, %xmm2
        movq    %xmm0, %r8
        movl    %eax, %edx
        leaq    .LC2(%rip), %rcx
        call    printf
        addl    $1, -4(%rbp)
.L2:
        cmpl    $9, -4(%rbp)
        jle     .L3
        movl    $0, -4(%rbp)
        jmp     .L4
.L5:
        movl    -4(%rbp), %eax
        cltq
        fldl    -96(%rbp,%rax,8)
        fldl    -16(%rbp)
        faddp   %st, %st(1)
        fstpl   -16(%rbp)
        addl    $1, -4(%rbp)
.L4:
        cmpl    $9, -4(%rbp)
        jle     .L5
        fldl    -16(%rbp)
        fldl    .LC3(%rip)
        fdivrp  %st, %st(1)
        fstpl   -120(%rbp)
        movq    -120(%rbp), %rax
        movq    %rax, %rdx
```

```
        movq    %rdx, -120(%rbp)
        movsd   -120(%rbp), %xmm0
        movapd  %xmm0, %xmm1
        movq    %rax, %rdx
        leaq    .LC4(%rip), %rcx
        call    printf
        movl    $0, %eax
        addq    $160, %rsp
        popq    %rbp
        ret
        .seh_endproc
        .section .rdata,"dr"
        .align 8
.LC1:
        .long   0
        .long   1079574528
        .align 8
.LC3:
        .long   0
        .long   1076101120
        .ident  "GCC: (tdm64-1) 5.1.0"
        .def    time;   .scl    2;      .type   32;     .endef
        .def    srand;  .scl    2;      .type   32;     .endef
        .def    rand;   .scl    2;      .type   32;     .endef
        .def    printf; .scl    2;      .type   32;     .endef
```

ここでも main() を呼び出すコード以降（網掛け部分）を見てみます。

LEA 命令はソースのアドレス（-104(%rbp)）をデスティネーション RAX に保存します。そして、その値を RCX に転送して time() を呼び出します。結果は EAX に入っているのでそれを ECX に保存し、srand() を呼び出します。

```
        call    __main
        leaq    -104(%rbp), %rax
        movq    %rax, %rcx
```

```
        call    time
        movl    %eax, %ecx
        call    srand
```

ここまでで乱数ジェネレータの初期化を行っています。

FLDZ 命令は、スタックに値 +0.0 をロードします。次の FSTP 命令は、ST(0) のレジスタ値を -16(%rbp) に保存します。これで total の値が 0.0 になります。続く MOV 命令は変数 i (-4(%rbp)) を 0 にします。そして、ラベル .L2 にジャンプします。

```
        fldz
        fstpl   -16(%rbp)           # total=0.0
        movl    $0, -4(%rbp)        # i=0
        jmp     .L2
```

ラベル .L3 以降は、まず乱数を生成する rand() を呼び出します。そしてその結果が入っている EAX の値を RBP-120 に保存します。続く FILD 命令は、RBP-120 から整数をロードして、それを実数に変換し、FPU レジスタスタックにそれをプッシュします。FLD 命令は実数 100.0 を FPU のスタックにプッシュします。そして、FDIVRP 命令で割り算します。変数 i (-4(%rbp)) の値を EAX に移動して CLTQ 命令で EAX のロングをクワッド (quad) に変換して RAX に保存します。

```
.L3:
        call    rand
        movl    %eax, -120(%rbp)
        fildl   -120(%rbp)
        fldl    .LC1(%rip)
        fdivrp  %st, %st(1)         # rand()の結果を100.0で割る
        movl    -4(%rbp), %eax      # i→EAX
        cltq
        fstpl   -96(%rbp,%rax,8)
        movl    -4(%rbp), %eax
        cltq
```

以降、次の printf() の呼び出しまでは、i (-4(%rbp)) と x[i] (-96(%rbp, %rax,8)=RBP-96+(RAX*8)) を出力するための一連のコードです（関数の呼び出しとそれに必要なコードについては第 5 章「関数呼び出し」で説明します）。

```
        fldl    -96(%rbp,%rax,8)
        fstpl   -120(%rbp)
        movq    -120(%rbp), %rax
        movq    %rax, %rdx
        movq    %rdx, -120(%rbp)
        movsd   -120(%rbp), %xmm1
        movq    %rax, -120(%rbp)
        movsd   -120(%rbp), %xmm0
        movl    -4(%rbp), %eax
        movapd  %xmm1, %xmm2
        movq    %xmm0, %r8
        movl    %eax, %edx
        leaq    .LC2(%rip), %rcx
        call    printf
```

続いて変数 i (-4(%rbp)) に 1 を加算して、i の値が 9 以下なら .L3 にジャンプします。

```
        addl    $1, -4(%rbp)
.L2:
        cmpl    $9, -4(%rbp)
        jle     .L3
```

ここまでが最初の for ループのコードです。

続くコードは 2 番目の for ループのコードで、変数 i(-4(%rbp))をゼロにしてから、total (-16(%rbp)) に x[i] (-96(%rbp,%rax,8)) の値を加算します。

```
        movl    $0, -4(%rbp)
        jmp     .L4
.L5:
```

```
        movl    -4(%rbp), %eax
        cltq
        fldl    -96(%rbp,%rax,8)
        fldl    -16(%rbp)
        faddp   %st, %st(1)
        fstpl   -16(%rbp)
        addl    $1, -4(%rbp)
```

ラベル .L4 以降次の printf() の呼び出しまでは、total を出力するための一連のコードです。

```
.L4:
        cmpl    $9, -4(%rbp)
        jle     .L5
        fldl    -16(%rbp)
        fldl    .LC3(%rip)
        fdivrp  %st, %st(1)
        fstpl   -120(%rbp)
        movq    -120(%rbp), %rax
        movq    %rax, %rdx
        movq    %rdx, -120(%rbp)
        movsd   -120(%rbp), %xmm0
        movapd  %xmm0, %xmm1
        movq    %rax, %rdx
        leaq    .LC4(%rip), %rcx
        call    printf
```

4.2 ポインタ

ここではポインタを使うプログラムを考察してみます。

ポインタを使うプログラム

次のようなポインタを使って配列の内容を表示するC言語プログラム ptest.c を作ります。

リスト4.5●ptest.c

```c
/*
 * ptest.c
 */
#include <stdio.h>

int main(int argc, char* argv[])
{
    int n[] = {1, 3, 5, 7, 11, -1};
    int *p;

    p = n;

    while ( *p != -1 )
        printf("%d ", *p++);

    return 0;
}
```

このプログラムでは、まず、nという整数配列に6個の数を定義します。また、ポインタ変数pも定義します。そして、変数pに配列変数nの先頭アドレスを代入します

(p = n;)。そして、ポインタ変数が指す値（*p）を出力しては、ポインタ変数をインクリメントする（p++）という操作を繰り返します。

このプログラムをコンパイルして実行した結果を次に示します。

```
>gcc -o ptest ptest.c
>ptest
1 3 5 7 11
```

このC言語プログラムから「gcc -S」で生成したアセンブリ言語プログラムを次に示します。

リスト4.6●ptest.s

```
    .file   "ptest.c"
    .def    __main; .scl    2;      .type   32;     .endef
    .section .rdata,"dr"
.LC0:
    .ascii "%d \0"
    .text
    .globl  main
    .def    main;   .scl    2;      .type   32;     .endef
    .seh_proc   main
main:
    pushq   %rbp
    .seh_pushreg    %rbp
    movq    %rsp, %rbp
    .seh_setframe   %rbp, 0
    subq    $64, %rsp
    .seh_stackalloc 64
    .seh_endprologue
    movl    %ecx, 16(%rbp)
    movq    %rdx, 24(%rbp)
    call    __main
    movl    $1, -32(%rbp)
```

```
        movl    $3, -28(%rbp)
        movl    $5, -24(%rbp)
        movl    $7, -20(%rbp)
        movl    $11, -16(%rbp)
        movl    $-1, -12(%rbp)
        leaq    -32(%rbp), %rax
        movq    %rax, -8(%rbp)
        jmp     .L2
.L3:
        movq    -8(%rbp), %rax
        leaq    4(%rax), %rdx
        movq    %rdx, -8(%rbp)
        movl    (%rax), %eax
        movl    %eax, %edx
        leaq    .LC0(%rip), %rcx
        call    printf
.L2:
        movq    -8(%rbp), %rax
        movl    (%rax), %eax
        cmpl    $-1, %eax
        jne     .L3
        movl    $0, %eax
        addq    $64, %rsp
        popq    %rbp
        ret
        .seh_endproc
        .ident  "GCC: (tdm64-1) 5.1.0"
        .def    printf;  .scl    2;  .type   32;  .endef
```

配列とポインタ変数の宣言

「call ___main」の直後の命令は、C言語の式「int n[] = {1, 3, 5, 7, 11, -1};」に相当する配列の宣言です。

4 データとデータ構造

```
call    __main
movl    $1, -32(%rbp)
movl    $3, -28(%rbp)
movl    $5, -24(%rbp)
movl    $7, -20(%rbp)
movl    $11, -16(%rbp)
movl    $-1, -12(%rbp)
leaq    -32(%rbp), %rax
movq    %rax, -8(%rbp)
```

「movl $1, -32(%rbp)」は配列 n の最初の要素である n[0] の値 1 を保存する命令です。以降、「movl $-1, -12(%rbp)」で n[5] に -1 までの値を順に入れます。

「leaq -32(%rbp), %rax」は RBP-32 のアドレスを計算して RAX に入れます。その値を次の「movq %rax, -8(%ebp)」で RBP-8 に入れます。

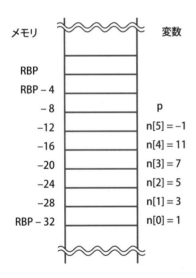

図4.2●メモリの状態

ポインタ変数

ラベル .L2 以降の命令は、C 言語のプログラムの「while (*p != -1)」で条件判断によってループを終了する部分に相当します。

```
.L3:
        ⋮
    jmp     .L2
        ⋮
.L2:
    movq    -8(%rbp), %rax
    movl    (%rax), %eax
    cmpl    $-1, %eax
    jne     .L3
    movl    $0, %eax
    addq    $64, %rsp
    popq    %rbp
```

まず、EBP-8 の値（ポインタ変数 p の値）を EAX に入れて、RAX のアドレスの値（n[i]）と -1 を比較します。値が一致しなかったら、.L3 にジャンプしてループを継続します。

ラベル .L3 に続くコードは、C 言語のプログラムの「printf("%d ", *p++);」の部分です。

```
.L3:
    movq    -8(%rbp), %rax
    leaq    4(%rax), %rdx
    movq    %rdx, -8(%rbp)
    movl    (%rax), %eax
    movl    %eax, %edx
    leaq    .LC0(%rip), %rcx
    call    printf
```

残りの部分は通常の終了処理です。

4.3 構造体

ここでは構造体を使うプログラムを見てみます。

構造体を使うプログラム

ここでは、年齢と名前をメンバーとする構造体を使う C 言語プログラム struct.c を作ります。

リスト4.7●struct.c

```c
/*
 * struct.c
 */
#include <stdio.h>

struct _PERSON {
    int age;
    char name[12];
};
typedef struct _PERSON Person;

int main(int argc, char* argv[])
{
    Person member[5] = { {25, "Ken"}, {18, "Pochi"}, {22, "Yuko"} };
    int i;

    for (i=0; i<3; i++)
        printf("%s[%d]\n", member[i].name, member[i].age );

    return 0;
}
```

このプログラムは、まず_PERSONという名前の構造体を宣言します。_PERSON構造体のメンバーはint型のageとcharの配列nameです。この構造体に、typedef宣言を使ってPersonという名前を付けて、以降、Person型として扱えるようにします。

mainの中では、Person型の配列変数memberを宣言して、3組のデータで初期化します。そして、それぞれの要素のnameとageをprintf()を使って出力します。

このプログラムをコンパイルして実行した結果を次に示します。

```
>gcc -o struct struct.c
>struct
Ken[25]
Pochi[18]
Yuko[22]
```

このC言語プログラムから「gcc -S」で生成したアセンブリ言語プログラムを次に示します。

リスト4.8●struct.s

```
    .file   "struct.c"
    .def    __main; .scl   2;    .type    32;    .endef
    .section .rdata,"dr"
.LC0:
    .ascii "%s[%d]\12\0"
    .text
    .globl  main
    .def    main;   .scl   2;    .type    32;    .endef
    .seh_proc      main
main:
    pushq   %rbp
    .seh_pushreg   %rbp
    pushq   %rdi
```

4 データとデータ構造

```
        .seh_pushreg    %rdi
        subq    $136, %rsp
        .seh_stackalloc 136
        leaq    128(%rsp), %rbp
        .seh_setframe   %rbp, 128
        .seh_endprologue
        movl    %ecx, 32(%rbp)
        movq    %rdx, 40(%rbp)
        call    __main
        leaq    -96(%rbp), %rdx
        movl    $0, %eax
        movl    $10, %ecx
        movq    %rdx, %rdi
        rep stosq
        movl    $25, -96(%rbp)
        movq    $7234891, -92(%rbp)
        movl    $0, -84(%rbp)
        movl    $18, -80(%rbp)
        movabsq $452722913104, %rax
        movq    %rax, -76(%rbp)
        movl    $0, -68(%rbp)
        movl    $22, -64(%rbp)
        movq    $1869313369, -60(%rbp)
        movl    $0, -52(%rbp)
        movl    $0, -4(%rbp)
        jmp     .L2
.L3:
        movl    -4(%rbp), %eax
        cltq
        salq    $4, %rax
        addq    %rbp, %rax
        subq    $96, %rax
        movl    (%rax), %edx
        leaq    -96(%rbp), %rax
        movl    -4(%rbp), %ecx
        movslq  %ecx, %rcx
        salq    $4, %rcx
```

```
        addq    %rcx, %rax
        addq    $4, %rax
        movl    %edx, %r8d
        movq    %rax, %rdx
        leaq    .LC0(%rip), %rcx
        call    printf
        addl    $1, -4(%rbp)
.L2:
        cmpl    $2, -4(%rbp)
        jle     .L3
        movl    $0, %eax
        addq    $136, %rsp
        popq    %rdi
        popq    %rbp
        ret
        .seh_endproc
        .ident  "GCC: (tdm64-1) 5.1.0"
        .def    printf;    .scl    2;    .type    32;    .endef
```

構造体のデータ

「call __main」の直後のコードを次に示します。

```
call    __main
leaq    -96(%rbp), %rdx
movl    $0, %eax
movl    $10, %ecx
movq    %rdx, %rdi
rep stosq
```

STOS命令は、EAXの値（0）で構造体のデータを保存する領域のメモリを初期化します。この命令はデータのストリングへの保存（Store data to String）といいます。ここでは、プリフィックスREPを使って、この命令をECX回だけ繰り返します。

構造体のデータは次に続くコードで定義されています。

```
movl    $25, -96(%rbp)
movq    $7234891, -92(%rbp)
movl    $0, -84(%rbp)
movl    $18, -80(%rbp)
movabsq $452722913104, %rax
movq    %rax, -76(%rbp)
movl    $0, -68(%rbp)
movl    $22, -64(%rbp)
movq    $1869313369, -60(%rbp)
movl    $0, -52(%rbp)
movl    $0, -4(%rbp)
```

構造体メンバーageはintで定義しました。構造体メンバーnameはASCII文字列です（$7234891=0x6F6543="¥0neK"）。

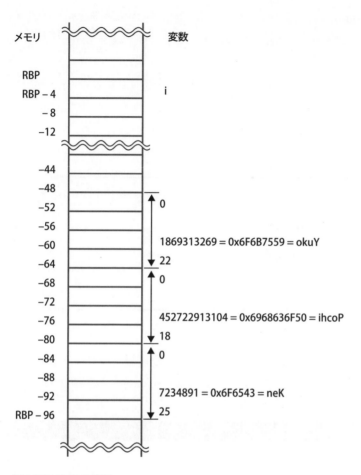

図4.3●メモリの状態

　この後すぐラベル.L2にジャンプします。そして、for文のループの終了条件となるi<3をCMP命令で比較してiが2以下ならラベル.L3にジャンプします。

```
        jmp     .L2
.L3:
         ⋮
        call    printf
        addl    $1, -4(%rbp)
.L2:
```

```
        cmpl    $2, -4(%rbp)
        jle     .L3
```

ラベル .L3 以降は、構造体メンバーを出力するためのコードです。

4.4 共用体

共用体は同じメモリに型の異なるデータを保存する構造体です。

共用体のプログラム

ここでは、整数と文字を同じ場所に保存する共用体を使う C 言語プログラム union.c を作ります。

リスト4.9●union.c

```c
/*
 * union.c
 */
#include <stdio.h>

union _LSBYTE {
    int number;
    char b0;
};

typedef union _LSBYTE intchar;

int main(int argc, char* argv[])
```

```
{
    intchar n;

    n.number = 0x2041;

    printf("b0=%c[%x]¥n", n.b0, n.b0);

    return 0;
}
```

　このプログラムは、まず_LSBYTEという名前の共用体を宣言します。_PERSON共用体のメンバーは`int`型の`number`と`char`型の`b0`です。この共用体に、`typedef`宣言を使って`intchar`という名前を付けて、以降、`intchar`型として扱えるようにします。
　`main`の中では、`intchar`型の変数`n`を宣言して、`n.number`に16進数2041を代入します。そして、`printf()`を使って`n.b0`の値を文字と16進数で出力します。
　このプログラムをコンパイルして実行した結果を次に示します。

```
>union
b0=A[41]
```

　このC言語プログラムから「gcc -S」で生成したアセンブリ言語プログラムを次に示します。

リスト4.10●union.s

```
    .file    "union.c"
    .def    __main;  .scl    2;      .type    32;     .endef
    .section .rdata,"dr"
.LC0:
    .ascii "b0=%c[%x]¥12¥0"
```

```
        .text
        .globl  main
        .def    main;   .scl    2;      .type   32;     .endef
        .seh_proc       main
main:
        pushq   %rbp
        .seh_pushreg    %rbp
        movq    %rsp, %rbp
        .seh_setframe   %rbp, 0
        subq    $48, %rsp
        .seh_stackalloc 48
        .seh_endprologue
        movl    %ecx, 16(%rbp)
        movq    %rdx, 24(%rbp)
        call    __main
        movl    $8257, -16(%rbp)
        movzbl  -16(%rbp), %eax
        movsbl  %al, %edx
        movzbl  -16(%rbp), %eax
        movsbl  %al, %eax
        movl    %edx, %r8d
        movl    %eax, %edx
        leaq    .LC0(%rip), %rcx
        call    printf
        movl    $0, %eax
        addq    $48, %rsp
        popq    %rbp
        ret
        .seh_endproc
        .ident  "GCC: (tdm64-1) 5.1.0"
        .def    printf; .scl    2;      .type   32;     .endef
```

共用体の値

「`call ___main`」の次の命令は「`movl $8257, -16(%rbp)`」です。これは、8257d=0x2041をRBP-16に保存する命令です。

```
call    __main
movl    $8257, -16(%rbp)   # 0x2041
```

EBP-16（変数n）の値をEAXに入れて、EAXの中の最下位1バイト（ALレジスタの値）をEDXとEAXに入れて`printf()`で出力できるようにします。

```
movzbl  -16(%rbp), %eax
movsbl  %al, %edx
movzbl  -16(%rbp), %eax
movsbl  %al, %eax
```

メモリの内容は次のようになっています。

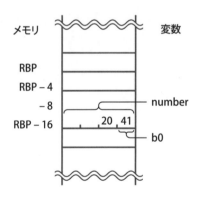

図4.4●メモリの状態

5 関数呼び出し

この章では、関数の呼び出しと、関数が返す値について考察します。

5 関数呼び出し

5.1 関数

関数は、引数で値を受け取って、戻り値で値を返します。

関数を使うプログラム

次の例は、足し算を行う単純な関数を伴うプログラムです。

リスト5.1 ● funcadd.c

```c
/*
 * funcadd.c
 */
#include <stdio.h>

/*
 * 関数 add()
 */
int add(int x, int y)
{
    int z;

    z = x + y;

    return z;
}

int main (int argc, char *argv[])
{
    int a, b, c;

    a = 5;
    b = 3;
```

```
    c = add(a,b);

    printf("c=%d¥n", c);

    return 0;
}
```

このプログラムをコンパイルして実行した結果を次に示します。

```
>gcc -o funcadd funcadd.c
>funcadd
c=8
```

このC言語プログラムから「gcc -S」で生成したアセンブリ言語プログラムを次に示します。

リスト5.2●funcadd.s

```
    .file   "funcadd.c"
    .text
    .globl  add
    .def    add;    .scl    2;      .type   32;     .endef
    .seh_proc       add
add:
    pushq   %rbp
    .seh_pushreg    %rbp
    movq    %rsp, %rbp
    .seh_setframe   %rbp, 0
    subq    $16, %rsp
    .seh_stackalloc 16
    .seh_endprologue
    movl    %ecx, 16(%rbp)
```

5 関数呼び出し

```
        movl    %edx, 24(%rbp)
        movl    16(%rbp), %edx
        movl    24(%rbp), %eax
        addl    %edx, %eax
        movl    %eax, -4(%rbp)
        movl    -4(%rbp), %eax
        addq    $16, %rsp
        popq    %rbp
        ret
        .seh_endproc
        .def    __main; .scl   2;    .type    32;    .endef
        .section .rdata,"dr"
.LC0:
        .ascii "c=%d\12\0"
        .text
        .globl  main
        .def    main;   .scl   2;    .type    32;    .endef
        .seh_proc       main
main:
        pushq   %rbp
        .seh_pushreg    %rbp
        movq    %rsp, %rbp
        .seh_setframe   %rbp, 0
        subq    $48, %rsp
        .seh_stackalloc 48
        .seh_endprologue
        movl    %ecx, 16(%rbp)
        movq    %rdx, 24(%rbp)
        call    __main
        movl    $5, -4(%rbp)
        movl    $3, -8(%rbp)
        movl    -8(%rbp), %edx
        movl    -4(%rbp), %eax
        movl    %eax, %ecx
        call    add
        movl    %eax, -12(%rbp)
        movl    -12(%rbp), %eax
```

```
        movl    %eax, %edx
        leaq    .LC0(%rip), %rcx
        call    printf
        movl    $0, %eax
        addq    $48, %rsp
        popq    %rbp
        ret
        .seh_endproc
        .ident  "GCC: (tdm64-1) 5.1.0"
        .def    printf; .scl    2;      .type   32;     .endef
```

呼び出される関数

まず、関数 add() のアセンブリコード部分（1つ目の網掛け部分）を見てみます。

```
        pushq   %rbp
        .seh_pushreg    %rbp
        movq    %rsp, %rbp
        .seh_setframe   %rbp, 0
        subq    $16, %rsp
        .seh_stackalloc 16
        .seh_endprologue

        # 関数の中身

        addq    $16, %rsp
        popq    %rbp
        ret
```

最初にRBPをスタックにプッシュします（pushq %rbp）。

次のピリオドから始まるコード「.seh_pushreg %rbp」は疑似命令といいます。疑似命令はあたかも命令であるかのように機能しますが、CPUの命令ではなく、アセ

ンブラがアセンブリコードに展開します。その詳細は、アセンブラ開発者でなければ知る必要はありません。ここでは、RBPを安全に使うために必要なことが行われていると理解してください。

> 昔の保護されていないシステムでは、スタックに不正にアクセスしたりするとプログラムがクラッシュし、システム全体が制御不能になりましたが、この疑似コードはそのようなことが発生しないようにしています。なお、これによって行われる実際の内容はOSの保護機能によって異なるので、OSによって異なります。

そして、RSPの値をRBPに移動して（`movq %rsp, %rbp`）、疑似命令「`.seh_setframe %rbp, 0`」でスタックフレームを準備します。そして、RSPからスタックフレーム分の16を引いて（`subq $16, %rsp`）、疑似命令「`.seh_stackalloc 16`」でスタックを確保します。「`.seh_endprologue`」は関数のプロローグがここで終わることを意味します。

以降は関数の内容になりますが、説明は後回しにして、プロローグに対応する関数の終了処理を見てみましょう。

```
        addq    $16, %rsp
        popq    %rbp
        ret
```

ここでは、RSPに16を加算しますが、これはプロローグの「`subq $16, %rsp`」に対応します。次の「`popq %rbp`」は、プロローグの「`pushq %rbp`」に対応します。これでRBPは関数を呼び出す前の状態に戻ります。

「`ret`」は呼び出し元に戻ります。

関数の中身は、引数の値を変数x（`16(%rbp)`）と変数y（`24(%rbp)`）に保存して加算し、加算した結果を変数z（`-4(%rbp)`）に保存した後でEAXレジスタに入れて返します。

```
        movl    %ecx, 16(%rbp)
        movl    %edx, 24(%rbp)
        movl    16(%rbp), %edx
        movl    24(%rbp), %eax
        addl    %edx, %eax
        movl    %eax, -4(%rbp)
        movl    -4(%rbp), %eax
```

この部分のメモリの状態は次のようになります。

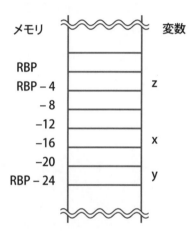

図5.1●メモリの状態

関数の呼び出し

関数add()を呼び出しているmain()の部分（2つ目の網掛け部分）は次のとおりです。

```
        call    __main
        movl    $5, -4(%rbp)        # 5 -> a
        movl    $3, -8(%rbp)        # 3 -> b
        movl    -8(%rbp), %edx
```

5 関数呼び出し

```
movl    -4(%rbp), %eax
movl    %eax, %ecx
call    add                 # a + b
movl    %eax, -12(%rbp)     # 結果 -> c
movl    -12(%rbp), %eax
movl    %eax, %edx
leaq    .LC0(%rip), %rcx
call    printf
```

　ここでは最初に変数 a（$5, -4(%rbp)）に値 5 を入れ、変数 b（$3, -8(%rbp)）に値 3 を入れます。そしてそれぞれの値を EDX と EAX に入れて ADD 命令で加算してから、結果である EAX の値を変数 c（-12(%rbp)）に保存し、出力します。

　この部分のメモリの状態は次のようになります。

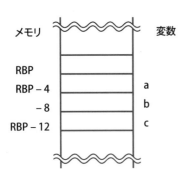

図5.2●メモリの状態

　前の図とは RBP の実際の位置は違うので注意してください。

5.2 文字列とポインタの引数

ここでは、文字列とポインタの引数がある関数を考察してみます。

文字列の引数

ここでは、大文字小文字交じりの文字列の小文字をすべて大文字にする関数 toustr() を含む C 言語プログラムを作ります。

リスト5.3 ●ustr.c

```c
/*
 * ustr.c
 */
#include <stdio.h>
#include <ctype.h>

char*toustr(char *str)
{
    char *p;
    int c;
    p = str;

    while((c = *p) != 0) {
        if (islower(c))
            *p = (char)toupper(c);
        p++;
    }

    return str;
}

int main (int argc, char *argv[])
```

```
{
    char s[] = "Hello, Good dogs!";

    printf("s=%s¥n", toustr(s));

    return 0;
}
```

このプログラムをコンパイルして実行した結果を次に示します。

```
>gcc -o ustr ustr.c
>ustr
s=HELLO, GOOD DOGS!
```

このC言語プログラムから「gcc -S」で生成したアセンブリ言語プログラムを次に示します。

リスト5.4●ustr.s

```
        .file   "ustr.c"
        .text
        .globl  toustr
        .def    toustr; .scl   2;     .type    32;    .endef
        .seh_proc       toustr
toustr:
        pushq   %rbp
        .seh_pushreg    %rbp
        movq    %rsp, %rbp
        .seh_setframe   %rbp, 0
        subq    $48, %rsp
        .seh_stackalloc 48
        .seh_endprologue
        movq    %rcx, 16(%rbp)
```

```
        movq    16(%rbp), %rax
        movq    %rax, -8(%rbp)
        jmp     .L2
.L4:
        movl    -12(%rbp), %eax
        movl    %eax, %ecx
        movq    __imp_islower(%rip), %rax
        call    *%rax
        testl   %eax, %eax
        je      .L3
        movl    -12(%rbp), %eax
        movl    %eax, %ecx
        movq    __imp_toupper(%rip), %rax
        call    *%rax
        movl    %eax, %edx
        movq    -8(%rbp), %rax
        movb    %dl, (%rax)
.L3:
        addq    $1, -8(%rbp)
.L2:
        movq    -8(%rbp), %rax
        movzbl  (%rax), %eax
        movsbl  %al, %eax
        movl    %eax, -12(%rbp)
        cmpl    $0, -12(%rbp)
        jne     .L4
        movq    16(%rbp), %rax
        addq    $48, %rsp
        popq    %rbp
        ret
        .seh_endproc
        .def    __main; .scl    2;      .type   32;     .endef
        .section .rdata,"dr"
.LC0:
        .ascii "s=%s\12\0"
        .text
        .globl  main
```

5 関数呼び出し

```
        .def    main;   .scl    2;      .type   32;     .endef
        .seh_proc       main
main:
    pushq   %rbp
    .seh_pushreg    %rbp
    movq    %rsp, %rbp
    .seh_setframe   %rbp, 0
    subq    $64, %rsp
    .seh_stackalloc 64
    .seh_endprologue
    movl    %ecx, 16(%rbp)
    movq    %rdx, 24(%rbp)
    call    __main
    movabsq $5125145233019659592, %rax
    movq    %rax, -32(%rbp)
    movabsq $8315737712793775983, %rax
    movq    %rax, -24(%rbp)
    movw    $33, -16(%rbp)
    leaq    -32(%rbp), %rax
    movq    %rax, %rcx
    call    toustr
    movq    %rax, %rdx
    leaq    .LC0(%rip), %rcx
    call    printf
    movl    $0, %eax
    addq    $64, %rsp
    popq    %rbp
    ret
    .seh_endproc
    .ident  "GCC: (tdm64-1) 5.1.0"
    .def    printf; .scl    2;      .type   32;     .endef
```

呼び出される関数は toustr: 以降（1つ目の網掛け部分）です。

最初の部分（「pushq %rbp」から「.seh_endprologue」まで）と最後の部分（「popq

%rbp」から「.seh_endproc」まで）は前のプログラムと本質的に同じです。

プロローグの次の部分では、引数を RCX で受け取ります。

```
movq    %rcx, 16(%rbp)      # RCXで引数を受け取る
movq    16(%rbp), %rax
movq    %rax, -8(%rbp)
jmp     .L2
```

これは関数を呼び出すときに RCX で引数を渡していることに対応しています（2つ目の網掛け部分）。

```
call     __main
movabsq  $5125145233019659592, %rax
movq     %rax, -32(%rbp)
movabsq  $8315737712793775983, %rax
movq     %rax, -24(%rbp)
movw     $33, -16(%rbp)
leaq     -32(%rbp), %rax
movq     %rax, %rcx          # RCXで引数を渡す
call     toustr
```

文字列を小文字から大文字に操作するコード部分はこれまで見てきたコードの範囲内なので、読者が各自で解析してください。なお、定数 $5125145233019659592 は 16 進数で「47 20 2C 6F 6C 6C 65 48」であり、これは ASCII 文字で「G ,olleH」、$8315737712793775983 は 16 進数で「73 67 6F 64 20 64 6F 6F」であり、これは ASCII 文字で「sgod doo」です。「movw $33, -16(%rbp)」の 33 は 16 進数で 21 であり、これは ASCII 文字の「!」です。つまり、これらの定数は「Hello, Good dogs!」という文字列を表しています。

5 関数呼び出し

さまざまな引数

次に、さまざまな型の多数の引数をとる関数を調べてみます。次のプログラムは、6個の異なる型の引数を持つ関数を使う例です。このプログラムは引数の数を加算するだけのプログラムで、プログラムそのものには特に意味はありません。

リスト5.5●sum.c

```c
/*
 * sum.c
 */
#include <stdio.h>

double sum(int n, double v, long long l, float f, int *m, double *w)
{
    double x;

    x = 0.0;

    x = (double)n;
    x += v;
    x += (double)l;
    x += f;
    x += (double)*m;
    x += *w;

    return x;
}

int main (int argc, char *argv[])
{
    int a, b;
    double c, d, x;
    float e;
    long long f;
```

```
    a = 1;
    b = 2;
    c = 3.5;
    d = 4.5;
    e = 5.5;
    f = 10;

    x = sum(a, c, f, e, &b, &d);

    printf("x=%lf¥n", x);

    return 0;
}
```

このプログラムをコンパイルして実行した結果を次に示します。

```
>gcc -o sum sum.c
>sum
x=26.500000
```

このC言語プログラムから「gcc -S -mfpmath=387」で生成した、FPUを使うアセンブリ言語プログラムを次に示します。

リスト5.6●sum.s

```
    .file   "sum.c"
    .text
    .globl  sum
    .def    sum;    .scl    2;  .type   32; .endef
    .seh_proc   sum
sum:
    pushq   %rbp
    .seh_pushreg    %rbp
```

5 関数呼び出し

```
        movq    %rsp, %rbp
        .seh_setframe   %rbp, 0
        subq    $32, %rsp
        .seh_stackalloc 32
        .seh_endprologue
        movl    %ecx, 16(%rbp)
        movsd   %xmm1, 24(%rbp)
        movq    %r8, 32(%rbp)
        movss   %xmm3, 40(%rbp)
        fldz
        fstpl   -8(%rbp)
        fildl   16(%rbp)
        fstpl   -8(%rbp)
        fldl    -8(%rbp)
        faddl   24(%rbp)
        fstpl   -8(%rbp)
        fildq   32(%rbp)
        fldl    -8(%rbp)
        faddp   %st, %st(1)
        fstpl   -8(%rbp)
        flds    40(%rbp)
        fldl    -8(%rbp)
        faddp   %st, %st(1)
        fstpl   -8(%rbp)
        movq    48(%rbp), %rax
        movl    (%rax), %eax
        movl    %eax, -24(%rbp)
        fildl   -24(%rbp)
        fldl    -8(%rbp)
        faddp   %st, %st(1)
        fstpl   -8(%rbp)
        movq    56(%rbp), %rax
        fldl    (%rax)
        fldl    -8(%rbp)
        faddp   %st, %st(1)
        fstpl   -8(%rbp)
        fldl    -8(%rbp)
```

```
        fstpl    -24(%rbp)
        movsd    -24(%rbp), %xmm0
        addq     $32, %rsp
        popq     %rbp
        ret
        .seh_endproc
        .def     __main; .scl   2;   .type    32;   .endef
        .section .rdata,"dr"
.LC5:
        .ascii "x=%lf\12\0"
        .text
        .globl   main
        .def     main;   .scl    2;   .type    32;   .endef
        .seh_proc    main
main:
        pushq    %rbp
        .seh_pushreg    %rbp
        movq     %rsp, %rbp
        .seh_setframe   %rbp, 0
        subq     $112, %rsp
        .seh_stackalloc 112
        .seh_endprologue
        movl     %ecx, 16(%rbp)
        movq     %rdx, 24(%rbp)
        call     __main
        movl     $1, -4(%rbp)
        movl     $2, -44(%rbp)
        fldl     .LC2(%rip)
        fstpl    -16(%rbp)
        fldl     .LC3(%rip)
        fstpl    -56(%rbp)
        flds     .LC4(%rip)
        fstps    -20(%rbp)
        movq     $10, -32(%rbp)
        movss    -20(%rbp), %xmm1
        movq     -32(%rbp), %rcx
        movsd    -16(%rbp), %xmm0
```

5 関数呼び出し

```
        movl    -4(%rbp), %eax
        leaq    -56(%rbp), %rdx
        movq    %rdx, 40(%rsp)
        leaq    -44(%rbp), %rdx
        movq    %rdx, 32(%rsp)
        movaps  %xmm1, %xmm3
        movq    %rcx, %r8
        movapd  %xmm0, %xmm1
        movl    %eax, %ecx
        call    sum
        movq    %xmm0, %rax
        movq    %rax, -40(%rbp)
        movsd   -40(%rbp), %xmm1
        movsd   -40(%rbp), %xmm0
        movq    %xmm0, %rdx
        leaq    .LC5(%rip), %rcx
        call    printf
        movl    $0, %eax
        addq    $112, %rsp
        popq    %rbp
        ret
        .seh_endproc
        .section .rdata,"dr"
        .align 8
.LC2:
        .long   0
        .long   1074528256
        .align 8
.LC3:
        .long   0
        .long   1074921472
        .align 4
.LC4:
        .long   1085276160
        .ident  "GCC: (tdm64-1) 5.1.0"
        .def    printf; .scl    2;      .type   32;     .endef
```

呼び出される関数 sum() (1つ目の網掛け部分) では、プロローグに続いて引数の値を実数にして加算します。結果は XMM0 で返します。

関数 sum() を呼び出すコード (2つ目の網掛け部分) では、次に示すように引数を渡す準備を行ってから sum() を呼び出し、結果を XMM0 で受け取ります。

```
call    __main
movl    $1, -4(%rbp)         # 1 -> a
movl    $2, -44(%rbp)        # 2 -> b
fldl    .LC2(%rip)           # 3.5 -> c
fstpl   -16(%rbp)
fldl    .LC3(%rip)           # 4.5 -> d
fstpl   -56(%rbp)
flds    .LC4(%rip)           # 5.5 -> e
fstps   -20(%rbp)
movq    $10, -32(%rbp)       # 10 -> f
movss   -20(%rbp), %xmm1     # e -> XMM1
movq    -32(%rbp), %rcx      # f -> RCX
movsd   -16(%rbp), %xmm0     # c -> XMM0
movl    -4(%rbp), %eax       # a -> EAX
leaq    -56(%rbp), %rdx      # d -> RDX
movq    %rdx, 40(%rsp)
leaq    -44(%rbp), %rdx      # b -> RSP-32
movq    %rdx, 32(%rsp)
movaps  %xmm1, %xmm3
movq    %rcx, %r8            # RCX -> R8
movapd  %xmm0, %xmm1
movl    %eax, %ecx
call    sum
movq    %xmm0, %rax
          ⋮
```

5.3 関数 main()

ここでは関数 main() を呼び出す一連の手順を見てみます。

main の引数

コマンドライン引数を使うプログラムを検討します。次のプログラムは、2個のコマンドライン引数を連結して出力するプログラムです。

リスト5.7●catarg.c

```c
/*
 * catarg.c
 */
#include <stdio.h>
#include <string.h>

int main (int argc, char *argv[])
{
    char buffer[256];

    if (argc < 3) {
        puts("Usage: catarg str1 str2");
        return -1;
    }

    strcpy(buffer, argv[1]);

    strcat(buffer, argv[2]);

    printf("buffer=%s\n", buffer);

    return 0;
```

```
    }
```

このプログラムをコンパイルして実行した例を次に示します。

```
>gcc -o catarg catarg.c
>catarg ABC abc
buffer=ABCabc
```

この C 言語プログラムから「gcc -S」で生成したアセンブリ言語プログラムを次に示します。

リスト5.8●catarg.s

```
    .file   "catarg.c"
    .def    __main; .scl   2;    .type    32;    .endef
    .section .rdata,"dr"
.LC0:
    .ascii "Usage: catarg str1 str2\0"
.LC1:
    .ascii "buffer=%s\12\0"
    .text
    .globl  main
    .def    main;   .scl   2;    .type    32;    .endef
    .seh_proc       main
main:
    pushq   %rbp
    .seh_pushreg    %rbp
    subq    $288, %rsp
    .seh_stackalloc 288
    leaq    128(%rsp), %rbp
    .seh_setframe   %rbp, 128
    .seh_endprologue
    movl    %ecx, 176(%rbp)
```

```
        movq    %rdx, 184(%rbp)
        call    __main
        cmpl    $2, 176(%rbp)
        jg      .L2
        leaq    .LC0(%rip), %rcx
        call    puts
        movl    $-1, %eax
        jmp     .L4
.L2:
        movq    184(%rbp), %rax
        addq    $8, %rax
        movq    (%rax), %rdx
        leaq    -96(%rbp), %rax
        movq    %rax, %rcx
        call    strcpy
        movq    184(%rbp), %rax
        addq    $16, %rax
        movq    (%rax), %rdx
        leaq    -96(%rbp), %rax
        movq    %rax, %rcx
        call    strcat
        leaq    -96(%rbp), %rax
        movq    %rax, %rdx
        leaq    .LC1(%rip), %rcx
        call    printf
        movl    $0, %eax
.L4:
        addq    $288, %rsp
        popq    %rbp
        ret
        .seh_endproc
        .ident  "GCC: (tdm64-1) 5.1.0"
        .def    puts;   .scl    2;      .type   32;     .endef
        .def    strcpy; .scl    2;      .type   32;     .endef
        .def    strcat; .scl    2;      .type   32;     .endef
        .def    printf; .scl    2;      .type   32;     .endef
```

5.3 関数 main()

　ラベル main: から順に見てゆきましょう。

　最初の部分はプロローグで、スタック領域として 288 バイト（256 バイト + 32 バイト）確保します。

```
main:
    pushq   %rbp
    .seh_pushreg    %rbp
    subq    $288, %rsp
    .seh_stackalloc 288
    leaq    128(%rsp), %rbp
    .seh_setframe   %rbp, 128
    .seh_endprologue
```

　そして ECX に入っている引数の数（argc の値）を RBP-176 に保存し、RDX に入っている引数のアドレスを RBP-184 に保存します。

```
    movl    %ecx, 176(%rbp)
    movq    %rdx, 184(%rbp)
    call    __main
```

　main() の最初のコードは、定数 2 と argc（176(%rbp)）の値を比較して、argc の値の方が大きければラベル .L2 にジャンプします。そうでなければラベル .LC0 にあるメッセージを出力して、関数 main() の戻り値として EAX に -1 をセットして、ラベル .L4 にジャンプして終了します。

```
    cmpl    $2, 176(%rbp)
    jg      .L2
    leaq    .LC0(%rip), %rcx
    call    puts
    movl    $-1, %eax
    jmp     .L4
```

ラベル .L2 からのコードは、最初の引数の値（184(%rbp)+8）と、buffer のアドレス（-96(%rbp)）を設定してから strcpy() を呼び出します。

```
.L2:
    movq    184(%rbp), %rax
    addq    $8, %rax
    movq    (%rax), %rdx
    leaq    -96(%rbp), %rax
    movq    %rax, %rcx
    call    strcpy
```

同様に 2 番目の引数の値（184(%rbp)+16）と、buffer のアドレス（-96(%rbp)）を設定してから strcat() を呼び出します。

```
    movq    184(%rbp), %rax
    addq    $16, %rax
    movq    (%rax), %rdx
    leaq    -96(%rbp), %rax
    movq    %rax, %rcx
    call    strcat
```

そして結果を出力します。

```
    leaq    -96(%rbp), %rax
    movq    %rax, %rdx
    leaq    .LC1(%rip), %rcx
    call    printf
    movl    $0, %eax
```

ラベル .L4 以降は終了処理です。

```
.L4:
    addq    $288, %rsp
    popq    %rbp
```

```
        ret
    .seh_endproc
```

引数のない main()

次に示すのは、引数のない main() を使うプログラムの例です。このプログラムは単に「Hello, C」を出力します。

リスト5.9●hello.c

```c
/*
 * hello.c
 */
#include <stdio.h>

int main ()
{
    printf("Hello, C");

    return 0;
}
```

このプログラムをコンパイルして実行した結果を次に示します。

```
>gcc -o hello hello.c
>hello
Hello, C
```

この C 言語プログラムから「gcc -S」で生成したアセンブリ言語プログラムを次に示します。

5 関数呼び出し

リスト5.10● hello.s

```
        .file   "hello.c"
        .def    __main; .scl    2;      .type   32;     .endef
        .section .rdata,"dr"
.LC0:
        .ascii "Hello, C\0"
        .text
        .globl  main
        .def    main;   .scl    2;      .type   32;     .endef
        .seh_proc       main
main:
        pushq   %rbp
        .seh_pushreg    %rbp
        movq    %rsp, %rbp
        .seh_setframe   %rbp, 0
        subq    $32, %rsp
        .seh_stackalloc 32
        .seh_endprologue
        call    __main
        leaq    .LC0(%rip), %rcx
        call    printf
        movl    $0, %eax
        addq    $32, %rsp
        popq    %rbp
        ret
        .seh_endproc
        .ident  "GCC: (tdm64-1) 5.1.0"
        .def    printf; .scl    2;      .type   32;     .endef
```

「`.section .rdata,"dr"`」はデータであることを示します。この場合、`.LC0`というラベルの後に「`Hello, C\0`」という文字列データが定義されています。

```
        .section .rdata,"dr"
.LC0:
```

```
            .ascii  "Hello, C¥0"
```

「.text」以降はプログラムです。

ここでは、必要な宣言を行った後、RBPをプッシュしスタック領域として32バイトを確保します。これらのコードは典型的なものとして理解してください。

```
        .text
        .globl  main
        .def    main;   .scl    2;      .type   32;     .endef
        .seh_proc       main
main:
        pushq   %rbp
        .seh_pushreg    %rbp
        movq    %rsp, %rbp
        .seh_setframe   %rbp, 0
        subq    $32, %rsp
        .seh_stackalloc 32
        .seh_endprologue
```

「call __main」の後は、「Hello, C¥0」という文字列データをprintf()に渡して出力するためのコードです。

```
        call    __main
        leaq    .LC0(%rip), %rcx
        call    printf
```

残りの部分はプログラムを終了するための手続きです。

```
        movl    $0, %eax
        addq    $32, %rsp
        popq    %rbp
        ret
        .seh_endproc
```

これを見ると、C言語のソースファイルにmain()の引数があってもなくても、引数を使わない限りアセンブリコードは同じであるということがわかります。

さまざまな話題

ここでは、これまでの章で取り上げなかったことを説明します。

6.1 レジスタ変数

C言語では、値をメモリではなくレジスタに保存するように指定することができます。ここではレジスタ変数を使うプログラムを考察してみます。

通常のプログラム

次のプログラムは、0.1から10.0までの数を加算するプログラムです。

リスト6.1 ● norvar.c

```c
/*
 * norvar.c
 */
#include <stdio.h>

int main (int argc, char *argv[])
{
    int i;
    double v;

    v = 0.0;

    for (i=0; i<100; i++) {
        v += (double)i * 0.1;
    }

    printf("v=%lf\n", v);

    return 0;
}
```

このプログラムをコンパイルして実行した結果を次に示します。

```
>gcc -o norvar norvar.c
>norvar
v=495.000000
```

このC言語プログラムから「gcc -S -mfpmath=387」で生成したアセンブリ言語プログラムを次に示します。

リスト6.2●norvar.s

```
    .file   "norvar.c"
    .def    __main; .scl   2;   .type   32;   .endef
    .section .rdata,"dr"
.LC2:
    .ascii "v=%lf\12\0"
    .text
    .globl  main
    .def    main;   .scl   2;   .type   32;   .endef
    .seh_proc    main
main:
    pushq   %rbp
    .seh_pushreg    %rbp
    movq    %rsp, %rbp
    .seh_setframe   %rbp, 0
    subq    $48, %rsp
    .seh_stackalloc 48
    .seh_endprologue
    movl    %ecx, 16(%rbp)
    movq    %rdx, 24(%rbp)
    call    __main
    fldz
    fstpl   -16(%rbp)
    movl    $0, -4(%rbp)
```

```
        jmp     .L2
.L3:
        fildl   -4(%rbp)
        fldl    .LC1(%rip)
        fmulp   %st, %st(1)
        fldl    -16(%rbp)
        faddp   %st, %st(1)
        fstpl   -16(%rbp)
        addl    $1, -4(%rbp)
.L2:
        cmpl    $99, -4(%rbp)
        jle     .L3
        movsd   -16(%rbp), %xmm1
        movsd   -16(%rbp), %xmm0
        movq    %xmm0, %rdx
        leaq    .LC2(%rip), %rcx
        call    printf
        movl    $0, %eax
        addq    $48, %rsp
        popq    %rbp
        ret
        .seh_endproc
        .section .rdata,"dr"
        .align 8
.LC1:
        .long   -1717986918
        .long   1069128089
        .ident  "GCC: (tdm64-1) 5.1.0"
        .def    printf; .scl    2;      .type   32;     .endef
```

このプログラムでは、変数 i は RBP-4 (-4(%rbp)) に、変数 v は RBP-16 (-16(%rbp)) に保存されます。

レジスタ変数を使うプログラム

次のプログラムは、前のプログラムと同じように 0.1 から 10.0 までの数を加算するプログラムですが、2 個の変数に register を指定して、可能であればレジスタを使うようにしたプログラムです。

リスト6.3●regvar.c

```c
/*
 * regvar.c
 */
#include <stdio.h>

int main (int argc, char *argv[])
{
    register int i;
    register double v;

    v = 0.0;

    for (i=0; i<100; i++) {
        v += (double)i * 0.1;
    }

    printf("v=%lf¥n", v);

    return 0;
}
```

このプログラムの実行結果は前のプログラムと同じです。「gcc -S -mfpmath=387」で生成したアセンブリ言語プログラムを次に示します。

リスト6.4●regvar.s

```
    .file   "regvar.c"
    .def    __main; .scl   2;      .type    32;     .endef
    .section .rdata,"dr"
.LC2:
    .ascii "v=%lf\12\0"
    .text
    .globl  main
    .def    main;   .scl   2;      .type    32;     .endef
    .seh_proc    main
main:
    pushq   %rbp
    .seh_pushreg    %rbp
    pushq   %rbx
    .seh_pushreg    %rbx
    subq    $56, %rsp
    .seh_stackalloc 56
    leaq    128(%rsp), %rbp
    .seh_setframe   %rbp, 128
    .seh_endprologue
    movl    %ecx, -48(%rbp)
    movq    %rdx, -40(%rbp)
    call    __main
    fldz
    movl    $0, %ebx
    jmp     .L2
.L3:
    movl    %ebx, -88(%rbp)
    fildl   -88(%rbp)
    fldl    .LC1(%rip)
    fmulp   %st, %st(1)
    faddp   %st, %st(1)
    addl    $1, %ebx
.L2:
    cmpl    $99, %ebx
    jle     .L3
```

```
        fstpl    -88(%rbp)
        movq     -88(%rbp), %rax
        movq     %rax, %rdx
        movq     %rdx, -88(%rbp)
        movsd    -88(%rbp), %xmm0
        movapd   %xmm0, %xmm1
        movq     %rax, %rdx
        leaq     .LC2(%rip), %rcx
        call     printf
        movl     $0, %eax
        addq     $56, %rsp
        popq     %rbx
        popq     %rbp
        ret
        .seh_endproc
        .section .rdata,"dr"
        .align 8
.LC1:
        .long    -1717986918
        .long    1069128089
        .ident   "GCC: (tdm64-1) 5.1.0"
        .def     printf;  .scl    2;      .type    32;    .endef
```

このプログラムでは、変数 i は RBX に、変数 v は浮動小数点数のスタックに保存されます。

メモリに保存されている値をロードして操作するよりも、スタックに保存されている値を直接扱う方がはるかに高速に処理できるので、レジスタ変数がレジスタに割り当てられているとプログラムは速くなります。

6.2 マクロ

ここでは外観が関数のように見えるマクロについて考えてみます。

マクロを使うプログラム

リスト6.5● macro.c

```c
/*
 * macro.c
 */
#include <stdio.h>

#define add(n1, n2) (n1 + n2)

int main(int argc, char **argv)
{
    int a, b, x;

    a = 3;
    b = 5;

    x = add(a,b);

    printf("x=%d¥n", x);

    return 0;
}
```

マクロは次の部分で、これは2つの引数の値を加算して返します。

```
#define add(n1, n2) (n1 + n2)
```

このプログラムをコンパイルして実行した結果を次に示します。

```
>gcc -o macro macro.c
>macro
x=8
```

このC言語プログラムから「gcc -S」で生成したアセンブリ言語プログラムを次に示します。

リスト6.6●macro.s
```
    .file   "macro.c"
    .def    __main; .scl   2;    .type    32;    .endef
    .section .rdata,"dr"
.LC0:
    .ascii "x=%d\12\0"
    .text
    .globl  main
    .def    main;   .scl    2;    .type    32;    .endef
    .seh_proc   main
main:
    pushq   %rbp
    .seh_pushreg    %rbp
    movq    %rsp, %rbp
    .seh_setframe   %rbp, 0
    subq    $48, %rsp
    .seh_stackalloc 48
    .seh_endprologue
    call    __main
    movl    $3, -4(%rbp)
```

6 さまざまな話題

```
        movl    $5, -8(%rbp)
        movl    -4(%rbp), %edx
        movl    -8(%rbp), %eax
        addl    %edx, %eax
        movl    %eax, -12(%rbp)
        movl    -12(%rbp), %eax
        movl    %eax, %edx
        leaq    .LC0(%rip), %rcx
        call    printf
        movl    $0, %eax
        addq    $48, %rsp
        popq    %rbp
        ret
        .seh_endproc
        .ident  "GCC: (tdm64-1) 5.1.0"
        .def    printf;    .scl    2;    .type    32;    .endef
```

このコードでは、マクロ add(n1, n2) の呼び出しは加算に置き換えられています。

```
        movl    $3, -4(%rbp)     # 3 -> a
        movl    $5, -8(%rbp)     # 5 -> b
        movl    -4(%rbp), %edx
        movl    -8(%rbp), %eax
        addl    %edx, %eax       # EDX+EAX = a + b
```

関数呼び出しではないので、関数呼び出しで生じるオーバーヘッドが一切なく、効率が良いという点に注目してください。

6.3 シフトとローテート

シフトは値の各ビットを左または右にずらすことで、ローテートはシフトした結果あふれたビットをあふれたのとは反対側（最下位または最上位）に埋める操作です。

シフト

整数は、符号を考えない場合、各ビットを左にシフトすると値が2倍、4倍……になり、右にシフトすると1/2、1/4……になります。

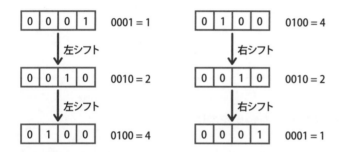

図6.1●左シフトと右シフト

次のプログラムは、整数1の各ビットを左に2回シフトして値を2倍、4倍にした後で、右に2回シフトして1/2、1/4にするプログラムの例です。

リスト6.7●lrshift.c

```
/*
 * lrshift.c
 */
#include <stdio.h>

int main ()
```

```
{
    int n;
    n = 1;

    n = n << 1;
    printf("左にシフト=%d¥n", n);

    n = n << 1;
    printf("左にシフト=%d¥n", n);

    n = n >> 1;
    printf("右にシフト=%d¥n", n);

    n = n >> 1;
    printf("右にシフト=%d¥n", n);

    return 0;
}
```

このプログラムをコンパイルして実行した結果を次に示します。

```
>gcc -o lrshift lrshift.c
>lrshift
左にシフト=2
左にシフト=4
右にシフト=2
右にシフト=1
```

このC言語プログラムから「gcc -S」で生成したアセンブリ言語プログラムを次に示します。

リスト6.8●lrshift.s

```
    .file   "lrshift.c"
    .def    __main; .scl    2;      .type   32;     .endef
    .section .rdata,"dr"
.LC0:
    .ascii "\215\266\202\311\203V\203t\203g=%d\12\0"
.LC1:
    .ascii "\211E\202\311\203V\203t\203g=%d\12\0"
    .text
    .globl  main
    .def    main;   .scl    2;      .type   32;     .endef
    .seh_proc       main
main:
    pushq   %rbp
    .seh_pushreg    %rbp
    movq    %rsp, %rbp
    .seh_setframe   %rbp, 0
    subq    $48, %rsp
    .seh_stackalloc 48
    .seh_endprologue
    call    __main
    movl    $1, -4(%rbp)
    sall    -4(%rbp)
    movl    -4(%rbp), %eax
    movl    %eax, %edx
    leaq    .LC0(%rip), %rcx
    call    printf
    sall    -4(%rbp)
    movl    -4(%rbp), %eax
    movl    %eax, %edx
    leaq    .LC0(%rip), %rcx
    call    printf
    sarl    -4(%rbp)
    movl    -4(%rbp), %eax
    movl    %eax, %edx
    leaq    .LC1(%rip), %rcx
```

```
        call    printf
        sarl    -4(%rbp)
        movl    -4(%rbp), %eax
        movl    %eax, %edx
        leaq    .LC1(%rip), %rcx
        call    printf
        movl    $0, %eax
        addq    $48, %rsp
        popq    %rbp
        ret
        .seh_endproc
        .ident  "GCC: (tdm64-1) 5.1.0"
        .def    printf; .scl    2;      .type   32;     .endef
```

シフト命令は上のリスト中の網掛けした行です。sallが左シフト命令、sarlが右シフト命令です。それぞれ、値を2倍または0.5倍したのと同じ結果になります。

ローテート

基本的なローテートは、ビットの値を左または右にシフトして、あふれたビットをあふれたのとは反対側に入れます。

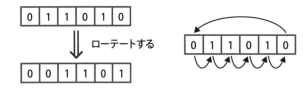

図6.2●基本的なローテート

ただし、CPUの頻繁に使われるローテート命令では、あふれたビットはCF（キャリーフラグ）に保存されます。

6.3 シフトとローテート

次の例は、前のプログラム lrshift.s のシフト命令をローテート命令に変更したものです（ローテート命令は次に示すリストの網掛け部分です）。あふれたビットは CF に保存されるので、出力される結果は前の例と同じになります。

リスト6.9●lrrotate.s

```
	#	"lrrotate.s"
	.def	__main;	.scl	2;	.type	32;	.endef
	.section .rdata,"dr"
.LC0:
	.ascii "\215\266\202\311\203V\203t\203g=%d\12\0"
.LC1:
	.ascii "\211E\202\311\203V\203t\203g=%d\12\0"
	.text
	.globl	main
	.def	main;	.scl	2;	.type	32;	.endef
	.seh_proc	main
main:
	pushq	%rbp
	.seh_pushreg	%rbp
	movq	%rsp, %rbp
	.seh_setframe	%rbp, 0
	subq	$48, %rsp
	.seh_stackalloc 48
	.seh_endprologue
	call	__main
	movl	$1, -4(%rbp)
	roll	-4(%rbp)			# 左ローテート
	movl	-4(%rbp), %eax
	movl	%eax, %edx
	leaq	.LC0(%rip), %rcx
	call	printf
	roll	-4(%rbp)			# 左ローテート
	movl	-4(%rbp), %eax
	movl	%eax, %edx
	leaq	.LC0(%rip), %rcx
```

```
        call    printf
        rorl    -4(%rbp)                # 右ローテート
        movl    -4(%rbp), %eax
        movl    %eax, %edx
        leaq    .LC1(%rip), %rcx
        call    printf
        rorl    -4(%rbp)                # 右ローテート
        movl    -4(%rbp), %eax
        movl    %eax, %edx
        leaq    .LC1(%rip), %rcx
        call    printf
        movl    $0, %eax
        addq    $48, %rsp
        popq    %rbp
        ret
        .seh_endproc
        .ident  "GCC: (tdm64-1) 5.1.0"
        .def    printf;  .scl    2;    .type    32;    .endef
```

このプログラムの実行結果を次に示します。

```
左にローテート=2
左にローテート=4
右にローテート=2
右にローテート=1
```

6.4 冗長なコード

ここでは冗長なC言語プログラムが生成するコードと、簡潔なC言語プログラムが生成するコードを比較してみます。

冗長なプログラム

次の例は、無駄な代入を含む冗長な関数add()を含むプログラムです。

リスト6.10●verbose.c

```c
/*
 * verbose.c
 */
#include <stdio.h>

int add(int a, int b) {

    int x;

    x = a + b;

    return x;
}

int main(int argc, char **argv)
{
    int a, b, x;

    a = 3;
    b = 5;

    x = add(a, b);
```

```
    printf("x=%d\n", x);

    return 0;
}
```

このプログラムをコンパイルして実行した結果を次に示します。

```
>gcc -o verbose verbose.c
>verbose
x=8
```

このC言語プログラムから「gcc -S」で生成したアセンブリ言語プログラムを次に示します。

リスト6.11●verbose.s

```
    .file   "verbose.c"
    .text
    .globl  add
    .def    add;    .scl    2;    .type    32;    .endef
    .seh_proc       add
add:
    pushq   %rbp
    .seh_pushreg    %rbp
    movq    %rsp, %rbp
    .seh_setframe   %rbp, 0
    subq    $16, %rsp
    .seh_stackalloc 16
    .seh_endprologue
    movl    %ecx, 16(%rbp)
    movl    %edx, 24(%rbp)
    movl    16(%rbp), %edx
```

6.4 冗長なコード

```
    movl    24(%rbp), %eax
    addl    %edx, %eax
    movl    %eax, -4(%rbp)
    movl    -4(%rbp), %eax
    addq    $16, %rsp
    popq    %rbp
    ret
    .seh_endproc
    .def    __main; .scl   2;    .type   32;    .endef
    .section .rdata,"dr"
.LC0:
    .ascii "x=%d\12\0"
    .text
    .globl  main
    .def    main;   .scl   2;    .type   32;    .endef
    .seh_proc   main
main:
    pushq   %rbp
    .seh_pushreg    %rbp
    movq    %rsp, %rbp
    .seh_setframe   %rbp, 0
    subq    $48, %rsp
    .seh_stackalloc 48
    .seh_endprologue
    call    __main
    movl    $3, -4(%rbp)
    movl    $5, -8(%rbp)
    movl    -8(%rbp), %edx
    movl    -4(%rbp), %eax
    movl    %eax, %ecx
    call    add
    movl    %eax, -12(%rbp)
    movl    -12(%rbp), %eax
    movl    %eax, %edx
    leaq    .LC0(%rip), %rcx
    call    printf
    movl    $0, %eax
```

```
        addq    $48, %rsp
        popq    %rbp
        ret
        .seh_endproc
        .ident  "GCC: (tdm64-1) 5.1.0"
        .def    printf; .scl    2;      .type   32;     .endef
```

　網掛け部分が関数 add() のコードです。そのうちのおよそ半分は、単にメモリに値を転送して戻しているだけの不要なコードです。これは次に示す例のように簡潔にすることができます。

簡潔なプログラム

　次の例は、前出のプログラム verbose.c から無駄な代入を省いて簡潔にしたプログラムです。

リスト6.12●simple.c

```c
/*
 * simple.c
 */
#include <stdio.h>

int add(int a, int b) {

    return a + b;
}

int main(int argc, char **argv)
{
    int a, b;

    a = 3;
```

```
    b = 5;

    printf("a+b=%d\n", add(a, b));

    return 0;
}
```

このプログラムをコンパイルして実行した結果を次に示します。

```
>gcc -o simple simple.c
>simple
a+b=8
```

このC言語プログラムから「gcc -S」で生成したアセンブリ言語プログラムを次に示します。

リスト6.13● simple.s

```
    .file   "simple.c"
    .text
    .globl  add
    .def    add;    .scl    2;  .type   32; .endef
    .seh_proc   add
add:
    pushq   %rbp
    .seh_pushreg    %rbp
    movq    %rsp, %rbp
    .seh_setframe   %rbp, 0
    .seh_endprologue
    movl    %ecx, 16(%rbp)
    movl    %edx, 24(%rbp)
    movl    16(%rbp), %edx
    movl    24(%rbp), %eax
```

```
        addl    %edx, %eax
        popq    %rbp
        ret
        .seh_endproc
        .def    __main; .scl    2;      .type   32;     .endef
        .section .rdata,"dr"
.LC0:
        .ascii "a+b=%d\12\0"
        .text
        .globl  main
        .def    main;   .scl    2;      .type   32;     .endef
        .seh_proc       main
main:
        pushq   %rbp
        .seh_pushreg    %rbp
        movq    %rsp, %rbp
        .seh_setframe   %rbp, 0
        subq    $48, %rsp
        .seh_stackalloc 48
        .seh_endprologue
        call    __main
        movl    $3, -4(%rbp)
        movl    $5, -8(%rbp)
        movl    -8(%rbp), %edx
        movl    -4(%rbp), %eax
        movl    %eax, %ecx
        call    add
        movl    %eax, %edx
        leaq    .LC0(%rip), %rcx
        call    printf
        movl    $0, %eax
        addq    $48, %rsp
        popq    %rbp
        ret
        .seh_endproc
        .ident  "GCC: (tdm64-1) 5.1.0"
        .def    printf; .scl    2;      .type   32;     .endef
```

6.4 冗長なコード

網掛け部分が、このプログラムの関数 add() のコードです。前出の冗長な verbose.c の関数 add() のコードと比較すると、次に網掛けで示す行がありません。

```
add:
    pushq      %rbp
    .seh_pushreg   %rbp
    movq       %rsp, %rbp
    .seh_setframe  %rbp, 0
    subq       $16, %rsp
    .seh_stackalloc 16
    .seh_endprologue
    movl       %ecx, 16(%rbp)      # a -> RBP-16
    movl       %edx, 24(%rbp)      # b -> RBP-24
    movl       16(%rbp), %edx      # RBP-16 -> EDX
    movl       24(%rbp), %eax      # RBP-24 -> EAX
    addl       %edx, %eax          # EDX+EAX
    movl       %eax, -4(%rbp)      # EAX -> RBP-4
    movl       -4(%rbp), %eax      # RBP-4 -> EAX
    addq       $16, %rsp
    popq       %rbp
    ret
```

冗長なコードのほうが、EDX と EAX を加算した結果を RBP-4 に保存しているところが無駄であることがわかります。

6.5 C言語プログラムとアセンブラ

インラインアセンブラはC言語のソースコードの中にアセンブリ言語を直接記述できる機能です。この機能を使うと比較的容易にアセンブリ言語を使うことができます。

インラインアセンブラ

gccのインラインアセンブラは asm (" ") の中に記述します。
次の例は、EAXレジスタの内容をEDIと呼ぶレジスタに移動します。

```
asm (" movl %eax,%edi");
```

アセンブリコードの中のコメントは '#' に続けて記述します。gccのインラインアセンブラの場合は、コメントには英数文字を使ってください。

インラインアセンブラの記述方法はコンパイラの種類によって異なります。ここではgccの例を示しています。

次に、値を加算するための一連の命令をインラインアセンブラで記述したプログラムの例を示します。

リスト6.14●インラインアセンブラで記述したプログラムの例

```
/*
 * inline.c
 */
#include <stdio.h>
```

6.5 C言語プログラムとアセンブラ

```c
int main(int argc, char **argv) {

    int a, b, c;
    a = 1;
    b = 2;
    // c = add(a, b);
    asm ("movl %0, %%eax"::"g"(a));
    asm ("movl %0, %%ecx"::"g"(b));
    asm ("addl %ecx, %eax");
    asm ("movl %%eax, %0":"=g"(c));

    printf("c=%d¥n", c);

    return 0;
}
```

gccのインラインアセンブラを使う場合、プラットフォーム固有の機能を使わない限り、LinuxやWindowsといったプラットフォームの種類に影響されず、1つのソースコードで済みます。

アセンブラの関数モジュール

ある程度まとまったアセンブリコードを使いたいときには、C言語プログラムのソースモジュールと、アセンブリ言語のソースモジュールを別々に作って、リンクするとよいでしょう。

次の例は、インラインアセンブラモジュールとリンクするCプログラムの例です。

リスト6.15●インラインアセンブラモジュールとリンクするCプログラム

```
/*
 * main.c
```

```
 */
#include <stdio.h>

extern int add(int a, int b);

int main(int argc, char **argv) {

    int a, b, c;
    a = 1;
    b = 2;
    c = add(a, b);

    printf("c=%d\n", c);

    return 0;
}
```

アセンブリ言語モジュールはゼロから書いてもかまいませんが、一般的には、C言語でソースを書いてアセンブリコードを出力し、必要に応じて手を入れて使うのが現実的でしょう。ここでは次のような関数を含むモジュールを作ります。

リスト6.16●アセンブリコードのもとになるC言語ソース

```
/*
 * addmod.c
 */
int add(int a, int b)
{
    return a + b;
}
```

このC言語プログラムソースからアセンブリモジュールを作ります。

リスト6.17 ● addmod.s

```
    .file   "addmod.c"
    .text
    .globl  add
    .def    add;    .scl    2;      .type   32;     .endef
    .seh_proc       add
add:
    pushq   %rbp
    .seh_pushreg    %rbp
    movq    %rsp, %rbp
    .seh_setframe   %rbp, 0
    .seh_endprologue
    movl    %ecx, 16(%rbp)
    movl    %edx, 24(%rbp)
    movl    16(%rbp), %edx
    movl    24(%rbp), %eax
    addl    %edx, %eax
    popq    %rbp
    ret
    .seh_endproc
    .ident  "GCC: (tdm64-1) 5.1.0"
```

C言語のソースファイル main.c とアセンブリモジュール addmod.s をコンパイルしてリンクするには次のようにします。

```
>gcc -o test main.c addmod.s
```

エピローグ

　本書では、アセンブリ言語プログラムの作り方については解説しませんでした。しかし、本書の内容を十分理解すれば、アセンブリ言語プログラムを作ることは難しいことではありません。

　例えば、有名な「Hello world!」プログラムをアセンブリ言語で作るとします。

　プログラムの骨組みは、これまでさんざん見てきたものを使いましょう。

リスト1●プログラムの骨組み

```
#
#       hello.s
#
    .def    __main; .scl   2;    .type   32;    .endef
    .section .rdata,"dr"

    # ここにデータを記述する

    .text
    .globl  main
    .def    main;   .scl   2;    .type   32;    .endef
    .seh_proc   main
main:
    pushq   %rbp
    .seh_pushreg    %rbp
    movq    %rsp, %rbp
    .seh_setframe   %rbp, 0
    subq    $32, %rsp
    .seh_stackalloc 32
    .seh_endprologue
    movl    %ecx, 16(%rbp)
```

```
        movq    %rdx, 24(%rbp)
        call    __main

        # ここにこのプログラム固有のコードを記述する

        movl    $0, %eax
        addq    $32, %rsp
        popq    %rbp
        ret
        .seh_endproc
```

出力する文字列のラベルをdataにするとすれば、「Hello, world!」と出力するには、次のようにしてLEA命令で文字列（data）のアドレスをRCXにロードして、puts()を呼び出すだけです。

```
        leaq    data(%rip), %rcx
        call    puts
```

出力する文字列データは次のように定義します。

```
    data:
        .ascii "Hello, world!\0"
```

出来上がったプログラムは次のとおりです。

リスト2●出来上がったプログラム

```
#
#       hello.s
#
    .def    __main;  .scl    2;    .type    32;    .endef
    .section .rdata,"dr"
data:
```

```
        .ascii  "Hello, world!\0"
        .text
        .globl  main
        .def    main;    .scl    2;    .type    32;    .endef
        .seh_proc    main
main:
    pushq   %rbp
    .seh_pushreg    %rbp
    movq    %rsp, %rbp
    .seh_setframe   %rbp, 0
    subq    $32, %rsp
    .seh_stackalloc 32
    .seh_endprologue
    movl    %ecx, 16(%rbp)
    movq    %rdx, 24(%rbp)
    call    __main

    leaq    data(%rip), %rcx
    call    puts

    movl    $0, %eax
    addq    $32, %rsp
    popq    %rbp
    ret
    .seh_endproc
```

　これを次のようにアセンブルして実行可能ファイルを生成すれば、実行できるプログラムファイルができます。

```
>gcc -o hello hello.s
```

　これにコードを追加してゆけば、（理論的には）どんなプログラムでもアセンブリ言語で作ることができます。

本書で説明しているCPUの命令は、実際にCPUで使うことができる命令のうちのほんのわずかなものだけです。使用可能なさまざまな命令を使うことで、とても高度なことを、C言語/C++などの高水準言語で行うより非常に速く実行できるプログラムを作成できる可能性があります。

　ただし、実践的な面から言えば、実用的なプログラム全体をアセンブリ言語で記述するのは現実的ではないでしょう。主にUI（ユーザーインターフェース）に関するような部分は（一般に速さがそれほど求められないので）C言語/C++などの高水準言語で記述し、本当に必要な部分だけをアセンブリ言語で作るのが現実的な方法です。そのためには、6.5節「C言語プログラムとアセンブラ」の「アセンブラの関数モジュール」を参照して、必要な部分だけアセンブリ言語で関数として作成すればよいでしょう。

　その他、デバッグや最適化などの際に、アセンブラの知識が大いに役立つ場面があります。

　アセンブリ言語をどの程度どのように利用するのかということは、あなた次第です。

Appendix

付録

付録A　GAS リファレンス

付録B　gcc と g++

付録A GAS リファレンス

ここでは GNU アセンブラで使われる語やニモニックなどについて解説します。

リファレンスの見方

- IA-32/IA-64（x86）ファミリーの基本的な命令（インストラクション）セットについて、重要なことがらを掲載します。
- ニモニックにはサイズを指定することがあります。例えば、MOV 命令は、移動するデータのサイズを指定して movw や movl などのような名前にして使います。
- このリファレンスは本書の範囲のアセンブリ言語プログラムを理解するために必要な情報を提供することであり、CPU の命令セットの完全なリファレンスを提供することを目的とするものではありません（CPU の命令セットは CPU によって異なります）。ここに掲載していない命令と、例外やその他の詳細な情報が必要な場合は、当該 CPU のドキュメントを参照してください。

#

IA-32 と IA-64 のコメント記号です。

```
例： cmpl    $1, -4(%rbp)
     jle     .L2         # RBP-4の値が1以下なら.L2にジャンプする
```

()

アドレスの計算に使います。

```
例： movl    -4(ebp, %edx, 4), %eax  # %ebp-4+(%edx*4)の値をEAXに転送する
     movl    (%ecx), %edx            # ECXが指すアドレスの値をEDXに転送する
```

%

レジスタを表します。
例： `addl    %edx, %eax    # EDXの値にEAXの値を加算してEAXに保存する`

$

定数値を表します。
例： `movl    $1, -4(%rbp)    ;定数値1をRBP-4に転送する`

AAA

加算後のアスキー補正（ASCII Adjust After Addition）。AL の下位 4 ビットの値が 10 以上または AF が 1 ならば、AL に 6 を加算して AH に 1 を加算し、AF と CF を 1 にします。その後、AL の上位 4 ビットをゼロにします。
参照： DAA、DA

AAD

除算後のアスキー補正（ASCII Adjust AX Before Division）。AH に 10 を掛けて、それに AL を加え、AH をゼロにセットします。掛ける数 10 は変えることができます。

この命令はアンパック形式の BCD 演算を実行するために除算命令と関連して使われます。

AAD は、AAM の逆の操作を行います。

AAM

乗算後のアスキー補正（ASCII Adjust AX After Multiply）。AL を 10 で割って、商を AH に残りを AL に保存します。引数を指定すると、割る数を 10 以外に変えることができます。

この命令はアンパック形式の BCD 演算を実行するために乗算命令と関連して使われます。

AAS

除算後のアスキー補正（ASCII Adjust AL After Subtraction）。AL の下位 4 ビットの値が 10 以上または AF が 1 ならば、AL から 6 を減算して AH から 1 を減算し、AF と CF を 1 にします。その後、AL の上位 4 ビットをゼロにします。

アンパック形式の BCD 演算を実行するために、デスティネーションが AL レジスタである 1 バイトの SUB 命令の後に使います。

ADC

キャリー付き加算（Add with Carry）。整数の加算を行います。2つのオペランドを加算して、キャリーフラグの値を加算し、結果はデスティネーションオペランドに保存されます。

キャリーフラグは、連続する ADC 命令で、次の ADC 命令で使うことができます。

参照：ADD

ADD

整数の加算（Add Integers）。ソースとデスティネーションの値を加えて、結果をデスティネーションに保存します。デスティネーションオペランドはレジスタあるいはメモリです。ソースオペランドはレジスタ、メモリあるいは即値です。

例： `addl    %edx, %eax`

ADDS

ソースとデスティネーションの値を加えて、結果をデスティネーションに保存します。

例： `addsd   -16(%rbp), %xmm0`

AH

8ビットのアキュムレータレジスタ。AX レジスタの上位 8 ビットでもあります。主に算術演算や操作の結果が保存されるレジスタです。

AL

8ビットのアキュムレータレジスタ。AX レジスタの下位 8 ビットでもあります。主に算術演算や操作の結果が保存されるレジスタです。

AND

ビットごとの AND（Bitwise AND）。2つのオペランドの間でビットごとの AND 操作を行って、結果をデスティネーションオペランドに保存します。

AX

16ビットの値を扱うアキュムレータレジスタ。主に算術演算や操作の結果が保存されるレジスタです。

BSF

ビットスキャン（Bit Scan）。セットされている最下位ビットを検出します。

第1オペランドのビットのうち、セットされている最下位ビットを検索し、セットされているビットがあれば、デスティネーションオペランドのインデックスに保存します。セットされているビットが検出されない場合、デスティネーションオペランドの内容は不確定です。ソースオペランドがゼロである場合は、ゼロフラグがセットされます。

ビットインデックスは0（最下位）から15あるいは31（最上位）までです。デスティネーションオペランドはレジスタに限ります。ソースオペランドはレジスタあるいはメモリです。

BSR

ビットスキャン（Bit Scan）。セットされている最上位ビットを検出します。

第1オペランドのビットのうち、セットされている最上位ビットを検索し、セットされているビットがあれば、デスティネーションオペランドのインデックスに保存します。セットされているビットが検出されない場合、デスティネーションオペランドの内容は不確定です。ソースオペランドがゼロである場合は、ゼロフラグがセットされます。

ビットインデックスは0（最下位）から15あるいは31（最上位）までです。デスティネーションオペランドはレジスタに限ります。ソースオペランドはレジスタあるいはメモリです。

BSWAP

バイトスワップ（Byte Swap）。32ビットレジスタの4バイトの順序を交換します。0～7ビットは24～31ビットに保存され、8～15ビットは16～23ビットに交換されます。

BT

ビットテスト（Bit Test）。デスティネーションオペランドの中の、第1オペランドで指定した位置のビットをテストします。ビットインデックスの範囲は、0（最下位）から15あるいは31（最上位）までです。

ビットテストの結果はキャリーフラグの中に保存されます。オペランドのビットは変更されません。

デスティネーションオペランドがレジスタである場合、16 ビットのオペランドではビットオフセットの範囲は 0 〜 15、32 ビットのオペランドでは 0 〜 31 でなければなりません。この範囲外の即値が指定されると、16 か 32 で割った余りが計算されます。

デスティネーションオペランドがメモリである場合、即値ビットオフセットはレジスタに対してと同じルールが適用されます。

BTC

ビットテスト（Bit Test）。デスティネーションオペランドの中の、第 1 オペランドで指定した位置のビットをテストします。ビットインデックスの範囲は、0（最下位）から 15 あるいは 31（最上位）までです。

ビットテストの結果はキャリーフラグの中に保存されます。オペランドそのもののビットはリセット（クリア）されます。

参照：BT

BTR

ビットテスト（Bit Test）。デスティネーションオペランドの中の、第 1 オペランドで指定した位置のビットをテストします。ビットインデックスの範囲は、0（最下位）から 15 あるいは 31（最上位）までです。

ビットテストの結果はキャリーフラグの中に保存されます。

参照：BT

BTS

ビットテスト（Bit Test）。デスティネーションオペランドの中の、第 1 オペランドで指定した位置のビットをテストします。ビットインデックスの範囲は、0（最下位）から 15 あるいは 31（最上位）までです。

ビットテストの結果はキャリーフラグの中に保存されます。オペランドそのもののビットはリセット（クリア）されます。BTS はビットをセットします。

参照：BT

[*]B

サイズがバイト（8ビット）であることを表します。例えば、movbはバイト値を転送します。

BH

8ビットのベースレジスタ。セグメントモードでのDSに保存されたデータを指し示すために使われます。

BL

8ビットのベースレジスタ。セグメントモードでのDSに保存されたデータを指し示すために使われます。

BP

スタックベースポインタレジスタ。スタックのベースを指し示すのに使われます。

BX

ベースレジスタ。セグメントモードでのDSに保存されたデータを指し示すために使われます。

CALL

サブルーチンの呼び出し（Call Subroutine）。現在のIP（インストラクションポインタ）をスタックにプッシュし、指定されたアドレスにジャンプしてサブルーチンを呼び出します。

2個のコロンで分離された引数を伴う形式はfarコールです。「CALL FAR mem」の形式もfarコールです。呼び出しがfarコールである場合（デスティネーションセグメントアドレスが指定された場合）には、IPと同時にCSもプッシュされます。

参照：RET

CBTW

ALのバイトをワードに変換してAXに保存します。

CBW

符号拡張（Sign Extensions）。もとの値の最上位ビットに拡張された値を埋めることで、短い値をより長い値に符号付きで拡張します。

AHのすべてのビットでALの最上位ビットを繰り返すことによってALをAXに拡張します。

CDQ

符号拡張（Sign Extensions）。もとの値の最上位ビットに拡張された値を埋めることで、短い値をより長い値に符号付きで拡張します。

AHのすべてのビットでALの最上位ビットを繰り返すことによってEAXをEDX:EAXに拡張します。

CH

8ビットのカウンタレジスタ。シフトローテート命令とループ命令のカウンタ値の保存に使われます。

CL

8ビットのカウンタレジスタ。シフトローテート命令とループ命令のカウンタ値の保存に使われます。

CLC

キャリーフラグのクリア（Clear Carry Flag）。キャリーフラグをクリアします。
参照：STC、CMC

CLD

ディレクションフラグクリア（Clear Direction Flag）。ディレクションフラグをクリアします。
参照：STD

CLI

割り込みクリアフラグ（Clear Interrupt Flags）。割り込みフラグをクリアします（そして割り込みを無効にします）。

割り込みフラグをセットするためには、STI の各命令を使ってください。

CLTD

EAX にある 32 ビット符号付き整数から 64 ビット符号付き整数に変換します。結果は EDX:EAX に保存されます。EAX の最上位ビット（符号ビット）が EDX のすべてのビットに拡張されます。

CLTQ

EAX のロングをクワッド（quad）に変換して RAX に保存します。

CMC

キャリーフラグの反転（Complement Carry Flag）。キャリーフラグの値を変更します。キャリーフラグが 0 であったなら 1 にし、1 なら 0 にセットします。

CMP

整数の比較（Compare Integers）を行います。第 2 オペランドの値から第 1 オペランドの値を引き算し、引き算が起きたかのようにフラグをセットします。ただし、引き算の結果は保存しません。

第 2 オペランドは、レジスタあるいはメモリです。第 1 オペランドはレジスタ、メモリあるいはデスティネーションと同じ大きさの即値です。

8 ビットの即値の第 1 オペランドと 16 ビット以上の第 2 オペランドを伴う形式では、第 1 オペランドは符号付きとみなされ、最初のオペランドの長さに符号拡張されます。

例： `cmpl    $1, -4(%rbp)      # 数値1とRBP-4を比較する。`

CMPS

ストリングの比較（Compare Strings）。

[DS:SI] か [DS:ESI] にあるバイトを、[ES:DI] か [ES:EDI] にあるバイトと比較して、

結果に応じてフラグをセットします。それから、SI と DI をインクリメントまたはデクリメントします。どちらを行うかは DF（ディレクションフラグ）によって決まります。DF がクリアされていればインクリメント、DF がセットされていればデクリメントです。

REPE と REPNE プリフィックス（REPZ と REPNZ と同じ）を使って、最初の同じでないか同じバイトが見つかるまで、この命令を CX（あるいは ECX、アドレスサイズで決まります）回まで、繰り返すことができます。

CQTO

RAX のクワッド（quad）をオクタプル（octuple）に変換して RDX:RAX に保存します。

CWD

符号拡張（Sign Extensions）。もとの値の最上位ビットに拡張された値を埋めることで、短い値をより長い値に符号付きで拡張します。

DX 全体を通して AX の最上位ビットを繰り返すことで AX を DX:AX に拡張します。

CWDE

符号拡張（Sign Extensions）。もとの値の最上位ビットに拡張された値を埋めることで、短い値をより長い値に符号付きで拡張します。

AH のすべてのビットで AL の最上位ビットを繰り返すことによって AX を EAX に拡張します。

CWTD

AX のワードをロングに変換して DX:AX に保存します。

CWTL

AX のワードをロングに変換して EAX に保存します。

CX

16 ビットのカウンタレジスタ。シフトローテート命令とループ命令のカウンタ値の保存に使われます。

DAA

桁調整（Decimal Adjustments）。デスティネーションが AL レジスタであった ADD 命令の後で使います。AL の中の値と補助キャリーフラグ AF を調べることによって、いずれかの加算の結果桁があふれたかどうか決定して、あふれていた場合は調整し、キャリーフラグと補助キャリーフラグをセットします。

DAS

桁調整（Decimal Adjustments）。デスティネーションが AL レジスタであった SUB 命令の後で使います。AL の中の値と補助キャリーフラグ AF を調べることによって、いずれかの減算の結果桁があふれたかどうか決定して、あふれていた場合は調整し、キャリーフラグと補助キャリーフラグをセットします。

DEC

整数のデクリメント（Decrement Integer）。オペランドから 1 を引きます。この命令はキャリーフラグに影響を与えません。キャリーフラグに影響を与えるためには「SUB x, 1」を使います。DEC は結果に従って他のすべてのフラグをセットします。

この命令はマルチプロセッサの同期のために LOCK プリフィックスを付けて使うことができます。

参照：INC

DH

8 ビットのデータレジスタ。算術演算操作と I/O 操作に使われます。

DI

デスティネーションインデックスレジスタ。ストリーム操作でのデスティネーション（転送先）を指すポインタとして使われます。

DIV

符号なし整数の除算（Unsigned Integer Divide）。指定するオペランドは割る数です。割られる値とデスティネーションオペランドは暗黙で、次の方法に従います。

- DIVBは、AXが指定されたオペランドによって除算されます。商はAL、余りはAHに保存されます。
- DIVWは、DX:AXが指定されたオペランドによって除算されます。商はDX、余りはAXに保存されます。
- DIVLは、EDX:EAXが指定されたオペランドによって除算されます。商はEDX、余りはEAXに保存されます。

参照：IDIV（符号付き整数割り算）

DIV

符号なし整数の割り算の命令。

DL

8ビットのデータレジスタ。算術演算操作とI/O操作に使われます。

DX

16ビットのデータレジスタ。算術演算操作とI/O操作に使われます。

EAX

32ビットの値を扱うアキュムレータ。主に算術演算や操作の結果が保存されるレジスタです。

EBP

スタックベースポインタレジスタ。スタックのベースを指し示すのに使われます。

EBX

ベースレジスタ。セグメントモードでのDSに保存されたデータを指し示すために使われます。

ECX

32ビットのカウンタレジスタ。シフトローテート命令とループ命令のカウンタ値の保存に使われます。

EDI

デスティネーションレジスタ。ストリーム操作でのデスティネーション（転送先）を指すポインタとして使われます。

EDX

データレジスタ。算術演算操作とI/O操作に使われます。

EIP

命令ポインタ。実行する命令を指し示すのに使われます。

ENTER

スタックフレームの作成（Create Stack Frame）。高級言語プロシージャを呼び出すためにスタックフレームを構築します。

第2オペランドにはローカル変数のために割り当てるべきスタックスペースのサイズを指定します。第1オペランドはPascalのような言語に関してネストされたプロシージャでプロシージャのネストするレベルを指定します。

ENTERで作ったスタックフレームはLEAVE命令で破棄します。

ESI

ソースレジスタ。ストリーム操作でのソースへのポインタとして使われます。

ESP

スタックポインタレジスタ。スタックのトップを指し示すポインタです。

F2XM1

$2^X - 1$ の計算（Calculate $2^X - 1$）。2 を ST0 乗して 1 を引き、結果を ST0 に保存します。ST0 の最初の内容は－ 1.0 から＋ 1.0 の範囲でなければなりません。

FABS

浮動小数点数の絶対値（Floating-Point Absolute Value）。ST0 の絶対値を計算して、結果を ST0 に保存します。計算は、サインビットをクリアすることによって行われます。

FADD

浮動小数点数の加算（Floating-Point Addition）。1 つのオペランドを指定すると、ST0 にそのオペランドの値を加算し、結果を ST0 に保存します。オペランドに TO 修飾子がある場合、結果は ST0 ではなく指定されたレジスタに保存されます。

2 個のオペランドの形式は 1 オペランドの書式と同じ機能です。

例：　　fldl　　　-8(%rbp)　　　# 2番目の変数の値に
　　　　　faddl　　-16(%rbp)　　　# 3番目の値を加算する

参照： FIADD（浮動小数点数レジスタでの整数の加算）

FADDP

浮動小数点数の加算（Floating-Point Addition）。1 つのオペランドを指定すると、ST0 にそのオペランドの値を加算し、結果を ST0 に保存します。その後でレジスタスタックをポップします。

オペランドに TO 修飾子がある場合、結果は ST0 ではなく指定されたレジスタに保存されます。

2 個のオペランドの形式は 1 オペランドの書式と同じ機能です。

参照： FIADD（浮動小数点数レジスタでの整数の加算）

FBLD

BCD 浮動小数点数のロード（BCD Floating-Point Load）。指定されたメモリアドレスから 80 ビット（10 バイト）のパックされた BCD10 進数をロードして、それを実数に変換し、レジスタスタックにそれをプッシュします。

FBSTP

BCD 浮動小数点数のストア（BCD Floating-Point Store）。ST0 の値をパックされた BCD で指定されたアドレスに保存して、次にレジスタスタックをポップします。

FCHS

浮動小数点数の符号の変更（Floating-Point Change Sign）。符号ビットを反転することで ST0 にある数を否定します。負数は正数になり、整数は負数になります。

FCLEX

浮動小数点例外のクリア（Clear Floating-Point Exceptions）。ペンディング状態にあるあらゆる浮動小数点例外をクリアします。

FCOM

浮動小数点数の比較（Floating-Point Compare）。ST0 を指定されたオペランドと比較して、その結果に応じて FPU のフラグをセットします。ST0 は比較の左辺として取り扱われ、ST0 が指定されたオペランドより小さい場合、キャリーフラグがセットされます。

FCOMI

浮動小数点数の比較（Floating-Point Compare）。ST0 を指定されたオペランドと比較して、その結果を CPU のフラグに直接結果を書き込みます。ST0 は比較の左辺として取り扱われ、ST0 が指定されたオペランドより小さい場合、キャリーフラグがセットされます。

FCOMIP

浮動小数点数の比較（Floating-Point Compare）。ST0 を指定されたオペランドと比較して、その結果を CPU のフラグに直接結果を書き込みます。その後レジスタスタックをポップします。ST0 は比較の左辺として取り扱われ、ST0 が指定されたオペランドより小さい場合、キャリーフラグがセットされます。

FCOMP

浮動小数点数の比較（Floating-Point Compare）。ST0 を指定されたオペランドと比較して、その結果に応じて FPU のフラグをセットします。その後レジスタスタックをポップします。ST0 は比較の左辺として取り扱われ、ST0 が指定されたオペランドより小さい場合、キャリーフラグがセットされます。

FCOMPP

浮動小数点数の比較（Floating-Point Compare）。FCOM は、ST0 を指定されたオペランドと比較して、その結果に応じて FPU のフラグをセットします。その後、レジスタスタックを 2 度ポップします。ST0 は比較の左辺として取り扱われ、ST0 が指定されたオペランドより小さい場合、キャリーフラグがセットされます。

FCOS

コサイン（Cosine）。ラジアン単位で ST0 のコサインを計算して、結果を ST0 に保存します。ST0 の絶対値は 2^{63} 以下でなければなりません。
参照：FSINCOS

FDECSTP

浮動小数点数スタックポインタのデクリメント（Decrement Floating-Point Stack Pointer）。浮動小数点のステータスワードの中のトップフィールドをデクリメントします。この命令は、ST7 の中身がスタックにプッシュされたかのように、FPU レジスタスタックを 1 だけローテートする効果を持っています。
参照：FINCSTP

FDISI

浮動小数点数割り込みの無効化と有効化（Disable and Enable Floating-Point Interrupts）。浮動小数点の割り込みを無効にします。この命令は 8087 のプロセッサだけで有効です。80287 以上の FPU では、NOP 命令として取り扱います。

FDIV

浮動小数点数の除算（Floating-Point Division）。指定されたオペランドで ST0 を除算して、結果を ST0 に保存します。TO 修飾子が指定されている場合は、指定されたオペランドを ST0 で除算して、結果をそのオペランドに保存します。

FDIVP

浮動小数点数の除算（Floating-Point Division）。指定されたオペランドで ST0 を除算して、結果を ST0 に保存します。TO 修飾子が指定されている場合は、指定されたオペランドを ST0 で除算して、結果をそのオペランドに保存します。操作が完了したらレジスタスタックをポップします。
参照：FIDIV（浮動小数点数レジスタの整数の除算）

FDIVR

浮動小数点数の除算（Floating-Point Division）。指定されたオペランドを ST0 で除算し、結果を ST0 に保存します。TO が指定されていれば ST0 をそのオペランドで除算して、結果をそのオペランドに保存します。
参照：FIDIV（浮動小数点数レジスタの整数の除算）

FDIVRP

浮動小数点数の除算（Floating-Point Division）。指定されたオペランドを ST0 で除算し、結果を ST0 に保存します。操作が完了したらレジスタスタックをポップします。
参照：FIDIV（浮動小数点数レジスタの整数の除算）

FENI

浮動小数点数割り込みの無効化と有効化（Disable and Enable Floating-Point Interrupts）。FENI は浮動小数点の割り込みを有効にします。この命令は 8087 のプロセッサだけで有効です。80287 以上の CPU では、NOP 命令として取り扱います。

FFREE

浮動小数点数レジスタを未使用に設定する（Flag Floating-Point Register as Unused）。指定されたレジスタを空であるものとしてマークします。

FIADD

浮動小数点数レジスタでの整数の加算（Floating-Point/Integer Addition）。指定された整数を ST0 に加え、結果を ST0 に保存します。

FICOM

浮動小数点数レジスタでの整数の比較（Floating-Point/Integer Compare）。ST0 と、指定された整数を比較して、その結果に応じて FPU のフラグをセットします。

FICOMP

浮動小数点数レジスタでの整数の比較（Floating-Point/Integer Compare）。ST0 と、指定された整数を比較して、その結果に応じて FPU のフラグをセットします。その後レジスタスタックをポップします。

FIDIV

浮動小数点数レジスタでの整数の割り算（Floating-Point/Integer Division）。指定された整数で ST0 を除算して、結果を ST0 に保存します。

FIDIVR

浮動小数点数レジスタでの整数の割り算（Floating-Point/Integer Division）。ST0 で指定された整数を除算し、結果を ST0 に保存します。

FILD

浮動小数点数／整数の変換（Floating-Point/Integer Conversion）。メモリから整数をロードして、それを実数に変換し、FPU レジスタスタックにそれをプッシュします。

FINCSTP

浮動小数点数スタックポインタのインクリメント（Increment Floating-Point Stack Pointer）。

浮動小数点のステータスワードでトップフィールドをインクリメントします。レジスタスタックがポップしたかのように、FPU レジスタスタックを 1 だけローテートさせる効果がありますが、多くの FPU 命令によって行われるスタックのポップとは異なります。この命令は新しい ST7（以前は ST0）を空としてフラグを設定しません。

参照：FDECSTP

FINIT

浮動小数点数ユニットの初期化（Initialize Floating-Point Unit）。FPU をそのデフォルト状態に初期化します。この命令はすべてのレジスタに対して空であるというフラグを設定しますが、実際にはレジスタの値を変更せず、スタックポインタの最上部をクリアします。

FIMUL

浮動小数点数レジスタでの整数の掛け算（Floating-Point/Integer Multiplication）。指定された整数を ST0 に掛けて、結果を ST0 に保存します。

FIST

浮動小数点数／整数の変換（Floating-Point/Integer Conversion）。ST0 を整数に変換し、それをメモリに保存します。

FISTP

浮動小数点数／整数の変換（Floating-Point/Integer Conversion）。ST0 を整数に変換し、それをメモリに保存します。その後レジスタスタックをポップします。

FISUB

浮動小数点数レジスタでの整数の減算（Floating-Point/Integer Subtraction）。ST0 から指定された整数を引いて、結果を ST0 に保存します。

FISUBR

浮動小数点数レジスタでの整数の減算（Floating-Point/Integer Subtraction）。指定された整数から ST0 を引き、結果を ST0 に保存します。

FLD

浮動小数点数のロード（Floating-Point Load）。指定されたレジスタあるいはメモリから浮動小数点の値をロードして、FPU のレジスタスタックにそれをプッシュします。値はスタック（ST）のトップに保存されます。

FLD1

浮動小数点数定数ロード（Floating-Point Load Constants）。FPU レジスタスタックに定数 1 をプッシュします。

FLDCW

浮動小数点数コントロールワードのロード（Load Floating-Point Control Word）。メモリから 16 ビットの値をロードして、それを FPU コントロールワードに保存します。
参照：FSTCW、FCLEX、FNCLEX

FLDENV

浮動小数点数環境のロード（Load Floating-Point Environment）。メモリから FPU オペレーティング環境（コントロールワード、ステータスワード、タグワード、命令ポインタ、データポインタ、最後のオペコード）をロードします。メモリエリアはそのときの CPU モードに従って 14 あるいは 28 バイトの長さです。
参照：FSTENV

FLDL2E

浮動小数点数定数ロード（Floating-Point Load Constants）。FPU レジスタスタックに e の基数 2 の Log をプッシュします。

FLDL2T

浮動小数点数定数ロード（Floating-Point Load Constants）。FPU レジスタスタックに 10 の基数 2 の Log をプッシュします。

FLDLG2

浮動小数点数定数ロード（Floating-Point Load Constants）。FPU レジスタスタックに 2 の基数 10 の Log をプッシュします。

FLDLN2

浮動小数点数定数ロード（Floating-Point Load Constants）。FPU レジスタスタックに 2 の基数 e の Log をプッシュします。

FLDPI

浮動小数点数定数ロード（Floating-Point Load Constants）。FPU レジスタスタックに定数 π をプッシュします。

FLDZ

浮動小数点数定数ロード（Floating-Point Load Constants）。FPU レジスタスタックに＋ 0.0 をプッシュします。

FMUL

浮動小数点数の乗算（Floating-Point Multiply）。指定されたオペランドに ST0 を掛けて、結果を ST0 に保存します。「FMUL TO fpureg」は結果を fpureg に保存します。

FMULP

浮動小数点数の乗算（Floating-Point Multiply）。指定されたオペランドに ST0 を掛けて、結果を ST0 に保存します。次にレジスタスタックをポップします。

FNCLEX

浮動小数点例外のクリア（Clear Floating-Point Exceptions）。最初の操作を完了するために（ペンディングされている例外処理を含めて）前の浮動小数点の操作を待たずに、ペンディング状態にあるあらゆる浮動小数点例外をクリアします。

FNDISI

浮動小数点数割り込みの無効化と有効化（Disable and Enable Floating-Point Interrupts）。浮動小数点のプロセッサがそれが最初にしていたことを終えるのを待たないで、浮動小数点の割り込みを無効にします。

FNENI

浮動小数点数割り込みの有効化（Disable and Enable Floating-Point Interrupts）。浮動小数点のプロセッサがそれが最初にしていたことを終えるのを待たないで、浮動小数点の割り込みを有効にします。この命令は 8087 のプロセッサだけで有効です。80287 以上の CPU では、NOP 命令として取り扱います。

FNINIT

浮動小数点数ユニットの初期化（Initialize Floating-Point Unit）。ペンディングされている例外を待たないで、FPU をそのデフォルト状態に初期化します。この命令はすべてのレジスタに対して空であるというフラグを設定しますが、実際にはレジスタの値を変更せず、スタックポインタの最上部をクリアします。

FNOP

浮動小数点数の NOP（Floating-Point No Operation）。FNOP は何もしません。
参照：NOP

FNSAVE

浮動小数点数状態のセーブ（Save Floating-Point State）。最初にペンディングされている浮動小数点の例外がクリアされるのを待ち、浮動小数点数ユニットの状態全体を保存します。このとき保存される値には、（CPU モードに従って）94 あるいは 108 バイトのメモリエリア、

FSTENV で保存されるすべての情報、そしてすべてのレジスタの中身が含まれます。

FNSTCW

浮動小数点数コントロールワードの保存（Store Floating-Point Control Word）。最初にペンディングされている浮動小数点の例外がクリアされるのを待ち、2 バイトのメモリエリアの中に FPU コントロールワードを保存します。
参照：FLDCW

FNSTENV

浮動小数点数環境の保存（Store Floating-Point Environment）。最初にペンディングされている浮動小数点の例外がクリアされるのを待ち、メモリの中に FPU オペレーティング環境を保存します。メモリエリアの長さはそのときの CPU モードに応じて 14 か 28 バイトです。
参照：FLDENV

FNSTSW

浮動小数点数ステータスワードの保存(Store Floating-Point Status Word)。最初にペンディングされている浮動小数点の例外がクリアされるのを待ち、AX あるいは 2 バイトのメモリエリアに FPU ステータスワードを保存します。

FPATAN

アークタンジェント（Arctangent）。ST0 で ST1 を割った結果のアークタンジェント（ラジアン単位）を計算して、結果を ST1 に保存し、レジスタスタックをポップします。

FPATAN

タンジェント（Tangent）。ラジアン単位で ST0 で値のタンジェントを計算して、結果を ST0 に保存します。ST0 の絶対値は 2**63 以下でなければなりません。

FPREM

浮動小数点数の剰余（Floating-Point Partial Remainder）。ST1 で ST0 を割った余りを計算します。ゼロに向かって四捨五入して値を丸めます。そのため、返される余りは常に ST0 の

元の値と同じ符号です。

　この命令は、最終的な結果を計算できず、その代わりに ST0 に中間の結果を残す可能性があります。その場合、FPU のステータスワードの C2 フラグがセットされます。従って、残りの計算を完了するためには、C2 がクリアされるまで、繰り返して FPREM あるいは FPREM1 を実行するべきです。

FPR

拡張されたレジスタ。FPR0 〜 FPR7 の 8 個があります。

FPREM1

浮動小数点数の剰余（Floating-Point Partial Remainder）。ST1 で ST0 を割った余りを計算します。結果は最も近くの整数に四捨五入することによって値を丸めます。

　この命令は、最終的な結果を計算できず、その代わりに ST0 に中間の結果を残す可能性があります。その場合、FPU のステータスワードの C2 フラグがセットされます。従って、残りの計算を完了するためには、C2 がクリアされるまで、繰り返して FPREM あるいは FPREM1 を実行するべきです。

FRNDINT

浮動小数点数の整数への丸め（Floating-Point Round to Integer）。FPU コントロールワードの中に設定されている現在の丸めモードに従って ST0 の内容を整数に丸め、結果を ST0 に保存します。

FRSTOR

浮動小数点数状態のリストア（Restore Floating-Point State）。浮動小数点の状態（CPU モードに従って 94 あるいは 108 バイトのメモリエリア、FSTENV で保存されるすべての情報、そしてすべてのレジスタの中身）を復元します。

FSAVE

浮動小数点数状態のセーブ（Save Floating-Point State）。浮動小数点数ユニットの状態全体を保存します。このとき保存される値には、（CPU モードに従って）94 あるいは 108 バイト

のメモリエリア、FSTENV で保存されるすべての情報、そしてすべてのレジスタの中身が含まれます。

FST

スタックトップの値をパラメータの場所にストアします。

FSTP

ST(0) のレジスタ値をメモリまたは ST(i) に保存します

FSCALE

2 のべき乗による浮動小数点数の乗算（Scale Floating-Point Value by Power of Two）。2 のべき乗で数の大きさを調整します。この命令は整数を得るためにゼロに向かって ST1 の値を丸め、それからその整数のべき乗まで 2 を ST0 に掛けて、結果を ST0 に保存します。

FSETPM

プロテクトモードへのセット（Set Protected Mode）。浮動小数点コプロセッサをプロテクトモードに初期化します。この命令は 80287 プロセッサに対してだけ有効です。387 以上では NOP として取り扱われます。

FSIN

サイン（Sine）。ラジアン単位で ST0 のサインを計算して、結果を ST0 に保存します。ST0 の絶対値は 2^{63} より小さくなければなりません。

FSINCOS

サインとコサイン（Sine and Cosine）。ラジアン単位で ST0 のサインを計算して、結果を ST0 に保存します。同じ値のコサインを ST1 に保存します。ST0 の絶対値は 2^{63} より小さくなければなりません。

FSINCOS は FSIN と FCOS を実行するより速度が速い命令です。

FSQRT

浮動小数点数の平方根（Floating-Point Square Root）。FSQRT は ST0 の平方根を計算して、結果を ST0 に保存します。

FST

浮動小数点数の保存（Floating-Point Store）。指定されたメモリあるいは他の FPU レジスタに ST0 の中の値を保存します。

FSTCW

浮動小数点数コントロールワードの保存（Store Floating-Point Control Word）。2 バイトのメモリエリアの中に FPU コントロールワードを保存します。
参照：FLDCW

FSTENV

浮動小数点数環境の保存（Store Floating-Point Environment）。メモリの中に FPU オペレーティング環境を保存します。メモリエリアの長さはそのときの CPU モードに応じて 14 か 28 バイトです。
参照：FLDENV

FSTP

浮動小数点数の保存（Floating-Point Store）。指定されたメモリあるいは他の FPU レジスタに ST0 の中の値を保存します。それからレジスタスタックをポップします。

FSUB

スタック ST の値からパラメータの値を減算します。結果は ST に保存されます。

FSTSW

浮動小数点数ステータスワードの保存（Store Floating-Point Status Word）。AX あるいは 2 バイトのメモリエリアに FPU ステータスワードを保存します。

FSUB

浮動小数点数の減算（Floating-Point Subtract）。ST0 から指定されたオペランドを引いて、T0 修飾子が指定されていない場合、結果を ST0 に保存します。T0 修飾子が指定されている場合は指定されたオペランドから ST0 を引いて、結果をオペランドに保存します。

FSUBP

浮動小数点数の減算（Floating-Point Subtract）。ST0 から指定されたオペランドを引いて、指定されたオペランドから ST0 を引いて、結果をオペランドに保存します。操作が完了したらレジスタスタックをポップします。

FSUBR

浮動小数点数の減算（Floating-Point Subtract）。指定されたオペランドから ST0 を引いて、T0 が指定されていない場合、指定されたオペランドから ST0 を引いて、結果を ST0 に保存します。T0 が指定されていればそれが ST0 からそのオペランドを引いて、結果をオペランドに保存します。

FSUBRP

浮動小数点数の減算（Floating-Point Subtract）。指定されたオペランドから ST0 を引いて、結果を ST0 に保存します。操作が完了したらレジスタスタックをポップします。

FTST

ST0 のゼロテスト（Test ST0 Against Zero）。ST0 をゼロと比較して、その結果に応じて FPU のフラグをセットします。ST0 は比較の左辺として扱われ、ST0 が負である場合、より少ないとみなされます。

FUCOM

浮動小数点数の順序なし比較（Floating-Point Unordered Compare）。ST0 を指定されたオペランドと比較して、その結果に応じて FPU のフラグをセットします。ST0 が比較の左辺として取り扱われ、ST0 が指定されたオペランドより小さい場合、キャリーフラグがセットされます。

FUCOMI

浮動小数点数の順序なし比較（Floating-Point Unordered Compare）。ST0 を指定されたオペランドと比較して、その結果を CPU のフラグレジスタに書き込みます。

FUCOMIP

浮動小数点数の順序なし比較（Floating-Point Unordered Compare）。ST0 を指定されたオペランドと比較して、その結果を CPU のフラグレジスタに書き込みます。その後レジスタスタックをポップします。

FUCOMP

浮動小数点数の順序なし比較（Floating-Point Unordered Compare）。ST0 を指定されたオペランドと比較して、その結果に応じて FPU のフラグをセットします。ST0 が比較の左辺として取り扱われ、ST0 が指定されたオペランドより小さい場合、キャリーフラグがセットされます。その後レジスタスタックをポップします。

FUCOMPP

浮動小数点数の順序なし比較（Floating-Point Unordered Compare）。ST0 を ST1 と比較して、次にレジスタスタックを 2 度ポップします。

FWAIT

別の 8087FPU を持つ 8086 システムでは、この命令は、メインプロセッサの操作を続ける前に FPU が従事しているあらゆる操作が終わるのを待ちます。そのため、例えばメインメモリに書き込む FPU は、CPU が結果を読み込む前に操作が完了することを保証することができます。

FXAM

ST0 の中の値のクラスの検査（Examine Class of Value in ST0）。ST0 に保存されたタイプに従って C3、C2、C0 をセットします。さらに、C1 フラグは数の符号にセットされます。

FXCH

浮動小数点数の交換（Floating-Point Exchange）。指定された FPU レジスタと ST0 を交換します。オペランドのない形式は ST1 と ST0 を交換します。

FXTRACT

指数部と仮数部の分離（Extract Exponent and Significand）。ST0 にある数を、指数部と有効数字部分（仮数）に分割し、ST0 に指数部を保存して、次に、レジスタスタックに有効数字部分をプッシュします。そのため、最終的に、ST0 は有効数字部分になり、ST1 は指数部分になります。

FYL2X

Log_2 X の Y 倍の計算（Compute Y times Log_2 X or Log_2 X+1）。ST0 の基数 2 の対数を ST1 倍して、結果を ST1 に保存しレジスタスタックをポップします（そのため、結果は ST0 に入ります）。

ST0 はゼロでない正の数でなければなりません。

FYL2XP1

Log_2 X+1 の Y 倍の計算（Compute Y times Log_2 X or Log_2 X+1）。ST0+1 の基数 2 の対数を ST1 倍して、結果を ST1 に保存しレジスタスタックをポップします（そのため、結果は ST0 に入ります）。ST0 はゼロでない正の数でなければなりません。

ST0 の絶対値は $(1 - \sqrt{2})/2$ でなければなりません。

HLT

プロセッサ停止（Halt Processor）。プロセッサを停止状態にします。この状態になると、割り込みかリセットで再開されるまでそれ以上の操作は行われません。

IDIV

符号付き整数除算（Signed Integer Divide）。オペランドには割る数を指定します。割られる数とデスティネーションオペランドは次の方法で決まります。

- IDIVB は、AX は指定されたオペランドで除算されます。商は AL、余りは AH に保存されます。
- IDIVW は、指定されたオペランドで DX:AX が除算されます。商は DX、余りは AX に保存されます。
- IDIVL は、指定されたオペランドで EDX:EAX が除算されます。商は EDX、余りは EAX に保存されます。

参照：DIV（符号なしの整数の除算）

IMUL

符号付き整数の乗算（Signed Integer Multiply）。1 つのオペランドの形式に対して、他のオペランドとデスティネーションは、次の方法で決まります。

- IMULB, AL では、指定されたオペランドと AL が乗算されます。結果は AX に保存されます。
- IMULW, AX では、指定されたオペランドと AX が乗算されます。結果は DX:AX に保存されます。
- IMULL, EAX では、指定されたオペランドと EAX が乗算されます。結果は EDX:EAX に保存されます。

2 個のオペランドの形式は、その 2 つのオペランドを掛けて、結果をデスティネーションオペランドに保存します。3 個のオペランドの形式はその最後の 2 つのオペランドを掛けて、結果を第 2 オペランドに保存します。

イミディエイトの第 1 オペランドがある形式は、3 個のオペランドがある形式の省略型です。

8 ビットのイミディエイトオペランドと 16 ビット以上の第 1 オペランドの形式では、イミディエイトオペランドは符号付きとみなされ、第 1 オペランドの長さに符号拡張されます。

結果がデスティネーションに収まれば OF（オーバーフローフラグ）と CF（キャリーフラグ）は 0 になり、そうでなければ 1 になります。

参照：MUL（符号なし整数乗算）

IN

I/O ポートからの入力（Input from I/O Port）。指定された I/O ポートからバイト、ワード、あるいはダブルワードを読み込んで、それを指定されたデスティネーションレジスタに保存し

ます。ポート番号は、値が 0 と 255 の間であれば即値で指定し、そうでなければ DX に保存しなければなりません。
参照：OUT

INC

整数のインクリメント（Increment Integer）。オペランドに 1 を加算します。キャリーフラグに影響を与えませんが、他のすべてのフラグをセットします。キャリーフラグに影響を与えるためには、「ADD x, 1」を使います。

この命令はマルチプロセッサの同期のために LOCK プリフィックスを付けて使うことができます。
参照：DEC

INSB

I/O ポートからのストリングの入力（Input String from I/O Port）。

DX で指定された I/O ポートから 1 バイトを入力して、それを [ES:DI] か [ES:EDI] に保存します。それから DI あるいは EDI をインクリメントするかデクリメントします。どちらを行うかは DF（ディレクションフラグ）の内容によって決まります。DF がクリアされていればインクリメントされ、DF がセットされていればデクリメントされます。

アドレスサイズが 16 ビットである場合、レジスタ DI が使われます。アドレスサイズが 32 ビットである場合は EDI が使われます。現在の BITS 設定と等しくないアドレスサイズを使う必要がある場合、明示的な a16 あるいは a32 プリフィックスを指定します。

REP プリフィックスを使って、命令を CX（アドレスサイズによっては ECX）回だけ繰り返すことができます。
参照：OUTSB、OUTSW、OUTSD

INSD

I/O ポートからのストリングの入力（Input String from I/O Port）。

DX で指定された I/O ポートからダブルワードを入力して、それを [ES:DI] か [ES:EDI] に保存します。それから DI あるいは EDI を 4 だけインクリメントするかデクリメントします。どちらを行うかは DF（ディレクションフラグ）の内容によって決まります。DF がクリアされていればインクリメントされ、DF がセットされていればデクリメントされます。

アドレスサイズが 16 ビットである場合、レジスタ DI が使われます。アドレスサイズが 32

ビットである場合は EDI が使われます。現在の BITS 設定と等しくないアドレスサイズを使う必要がある場合、明示的な a16 あるいは a32 プリフィックスを指定します。

REP プリフィックスを使って、命令を CX（アドレスサイズによっては ECX）回だけ繰り返すことができます。

参照：OUTSB、OUTSW、OUTSD

INSW

I/O ポートからのストリングの入力（Input String from I/O Port）。

DX で指定された I/O ポートからワードを入力して、それを [ES:DI] か [ES:EDI] に保存します。それから DI あるいは EDI を 2 だけインクリメントするかデクリメントします。どちらを行うかは DF（ディレクションフラグ）の内容によって決まります。DF がクリアされていればインクリメントされ、DF がセットされていればデクリメントされます。

アドレスサイズが 16 ビットである場合、レジスタ DI が使われます。アドレスサイズが 32 ビットである場合は EDI が使われます。現在の BITS 設定と等しくないアドレスサイズを使う必要がある場合、明示的な a16 あるいは a32 プリフィックスを指定します。

REP プリフィックスを使って、命令を CX（アドレスサイズによっては ECX）回だけ繰り返すことができます。

参照：OUTSB、OUTSW、OUTSD

INT

ソフトウェア割り込み（Software Interrupt）。0 から 255 までの数を使ってソフトウェア割り込みを起こします。割り込みは DOS や BIOS の機能を利用するために使います。

INT 命令によって生成されるコードは常に長さ 2 バイトです。いくつかの INT 命令のために短い形式がありますが、NASM では、ニモニック INT に対しては短い形式は生成されません。シングルバイトのブレークポイント命令を生成するためには、代わりに INT3 あるいは INT1 命令を使ってください。

64 ビット Windows ではこの種のソフトウェア割り込みは使えません。

例： `int    21`   # 割込み21hを発生させる。

INTO

オーバーフロー時の割り込み（Interrupt if Overflow）。オーバーフローフラグがセットされている場合に、INT 4 ソフトウェア割り込みを行います。

INVD

内部キャッシュの無効化（Invalidate Internal Caches）。プロセッサの内部のキャッシュを無効にして空にし、プロセッサが外部のキャッシュで同じことをするようにします。この命令は最初にキャッシュの内容をメモリに書き込みません。キャッシュの中に保存された変更は失われます。最初にデータを書き戻すためには、WBINVD を使ってください。

INVLPG

TLB エントリー無効（Invalidate TLB Entry）。指定されたメモリアドレスと関連付けられたトランスレーション ルックアヘッド バッファ（Translation Lookahead Buffer、TLB）のエントリーを無効にします。

IP

命令ポインタ。実行する命令を指し示すのに使われます。

IRET

割り込みからの復帰（Return from Interrupt）。IP（あるいは EIP）、CS とフラグレジスタをポップして、それから CS:IP から実行することで割り込み（ハードウェアあるいはソフトウェア）から戻ります。

IRET は、BITS 設定に従って決まる、IRETW あるいは IRETD の短い形式です。

IRETD

割り込みからの復帰（Return from Interrupt）。

IP（あるいは EIP）、CS とフラグレジスタをポップして、それから CS:IP から実行することで割り込み（ハードウェアあるいはソフトウェア）から戻ります。EIP を 4 バイトとしてポップし、さらに、次の 4 バイトのうち上部 2 バイトは破棄され、下部の 2 バイトは CS に保存され、同様に 4 バイトのフラグがポップされ、スタックから 12 バイトが削除されます。

IRETW

割り込みからの復帰（Return from Interrupt）。

IP（あるいは EIP）、CS とフラグレジスタをポップして、それから CS:IP から実行するこ

とで割り込み（ハードウェアあるいはソフトウェア）から戻ります。全部でスタックから6バイトを取り出します。

JA

より上（Jump if Above : unsigned comparison）。より大（CF=0 かつ ZF=0）という条件が満足された場合に、パラメータの場所にジャンプします。

普通の形式の命令では、ジャンプできるのは128バイトの範囲だけです。NEAR を使う形式では、セグメントのどこにでもジャンプできます。Jcc NEAR を実行したいときには、キーワード NEAR を使わなければなりません。

JAE

より上か等しい（Jump if Above or Equal : unsigned comparison）。より大か等しい（CF=0）という条件が満足された場合に、パラメータの場所にジャンプします。

JB

より下（Jump if Below : unsigned comparison）。より小（CF=1）という条件が満足された場合に、パラメータの場所にジャンプします。

JBE

より下か等しい（Jump if Below or Equal : unsigned comparison）。より小か等しい（CF=1 | ZF=1）という条件が満足された場合に、パラメータの場所にジャンプします。

JC

キャリーがある場合にジャンプ（Jump if Carry）。キャリーがある（CF=1）という条件が満足された場合に、パラメータの場所にジャンプします。

JCXZ

CX がゼロの場合にジャンプ（Jump if CX Zero）。CX レジスタの内容が0である場合に、ショートジャンプ（最大で128バイト）を実行します。

JE

等しい（Jump if Equal）。等しい（ZF=1）という条件が満足された場合に、パラメータの場所にジャンプします。

JECXZ

ECX がゼロの場合にジャンプ（Jump if ECX Zero）。ECX レジスタの内容が 0 である場合に、ショートジャンプ（最大で 128 バイト）を実行します。

JG

より大きい場合にジャンプ（Jump if Greater : signed comparison）。より大きい（ZF=0 & SF=OF）という条件が満足された場合に、パラメータの場所にジャンプします。

JGE

より大きいか等しい場合にジャンプ（Jump if Greater or Equal : signed comparison）。より大きいか等しい（SF=OF）という条件が満足された場合に、パラメータの場所にジャンプします。

JL

より小さい場合にジャンプ（Jump if Less : signed comparison）。より小さい（SF ! OF）という条件が満足された場合に、パラメータの場所にジャンプします。

JLE

より小さいか等しい場合にジャンプ（Jump if Less or Equal : signed comparison）。より小さいか等しい（ZF=1 | SF ! OF）という条件が満足された場合に、パラメータの場所にジャンプします。

```
例：    cmpl    $1, -4(%rbp)    # 定数値1とRBP-4の変数の値を比較して
        jle     .L2             # ゼロ以下ならラベル.L2にジャンプする
```

JMP

無条件でジャンプ（Jump）。指定されたアドレスにジャンプします。アドレスは、現在の絶対セグメントとオフセットで指定するか、あるいは、現在のセグメントの中で相対的なジャンプとして指定することができます。

例： jmp   .LC0   # .LC0にジャンプする。

JNA

より上でない場合にジャンプ（Jump if Not Above : unsigned comparison）。より大でない（CF=1 | ZF=1）という条件が満足された場合に、パラメータの場所にジャンプします。

JNAE

より上でなく等しい場合にジャンプ（Jump if Not Above nor Equal : unsigned comparison）。より大でなく等しくない（CF=1）という条件が満足された場合に、パラメータの場所にジャンプします。

JNB

より下でない場合にジャンプ（Jump if Not Below : unsigned comparison）。より小でない（CF=0）という条件が満足された場合に、パラメータの場所にジャンプします。

JNBE

より下でなく等しい場合にジャンプ（Jump if Not Below nor Equal : unsigned comparison）。より小でなく等しくない（CF=0 & ZF=0）という条件が満足された場合に、パラメータの場所にジャンプします。

JNC

キャリーがない場合にジャンプ（Jump if Not Carry）。キャリーがない（CF=0）という条件が満足された場合に、パラメータの場所にジャンプします。

JNE

等しくない（Jump if Not Equal）。等しくない（ZF=0）という条件が満足された場合に、パラメータの場所にジャンプします。

JNG

より大きくない（Jump if Not Greater : signed comparison）。より大きくない（ZF = 1 | SF ! OF）という条件が満足された場合に、パラメータの場所にジャンプします。

JNGE

より大きくなく等しくない場合にジャンプ（Jump if Not Greater nor Equal : signed comparison）。より大きくなく等しくない（SF ! OF）という条件が満足された場合に、パラメータの場所にジャンプします。

JNL

より小さくない場合にジャンプ（Jump if Not Less : signed comparison）。より小さくない（SF=OF）という条件が満足された場合に、パラメータの場所にジャンプします。

JNLE

より小さくなく等しくない 場合にジャンプ（Jump if Not Less nor Equal : signed comparison）。より小さくなく等しくない（ZF = 0 & SF = OF）という条件が満足された場合に、パラメータの場所にジャンプします。

JNO

オーバーフローがない場合にジャンプ（Jump if Not Overflow）。オーバーフローがない（OF=0）という条件が満足された場合に、パラメータの場所にジャンプします。

JNP

パリティがない場合にジャンプ（Jump if Not Parity）。パリティがない（PF=0）という条件が満足された場合に、パラメータの場所にジャンプします。

JNS

符号がない場合にジャンプ（Jump if Not Sign）。符号がない（SF=0）という条件が満足された場合に、パラメータの場所にジャンプします。

JNZ

ゼロではない場合にジャンプ（Jump if Not Zero）。ゼロでない（ZF=0）という条件が満足された場合に、パラメータの場所にジャンプします。

JO

オーバーフローがある場合にジャンプ（Jump if Overflow）。オーバーフローがある（OF=1）という条件が満足された場合に、パラメータの場所にジャンプします。

JP

パリティがある場合にジャンプ（Jump if Parity）。パリティがある（PF=1）という条件が満足された場合に、パラメータの場所にジャンプします。

JPE

パリティが偶数の場合にジャンプ（Jump if Parity Even）。パリティが偶数（PF=1）という条件が満足された場合に、パラメータの場所にジャンプします。

JPO

パリティが奇数の場合にジャンプ（Jump if Parity Odd）。パリティが奇数（PF=0）という条件が満足された場合に、パラメータの場所にジャンプします。

JS

符合がある場合にジャンプ（Jump if Sign）。符号がある（SF=1）という条件が満足された場合に、パラメータの場所にジャンプします。

JZ

ゼロである場合にジャンプ（Jump if Zero）。ゼロである（ZF=1）という条件が満足された場合に、パラメータの場所にジャンプします。

[*]L

サイズがロング（32 ビット）整数または倍精度（64 ビット）浮動小数点数であることを表します。

LAHF

フラグからの AH のロード（Load AH from Flags）。フラグワードの下位バイトの内容に従って AH レジスタをセットします。AH には、「SF:ZF:0:AF:0:PF:1:CF」が入ります。
参照：SAHF

LDS

far ポインタのロード（Load Far Pointer）。（レジスタの大きさに従って）DS レジスタに指定されたメモリアドレスから 16 あるいは 32 ビットをロードして、それから次の 16 ビットを DS にロードします。

LEA

有効アドレスのロード（Load Effective Address）。その第 1 オペランドで指定された有効アドレスを計算しますが、実際にはそのアドレスにはアクセスせずに、計算されたアドレスを第 2 オペランドで指定されたレジスタの中に保存します。

LEAVE

スタックフレームの破棄。LEAVE は、ENTER 命令によって作られた形式のスタックフレームを破棄します。この命令は機能上は「MOV ESP, EBP」を実行した後「POP EBP」するのと同じです（16 ビットのモードでは「MOV SP, BP」を実行した後「POP BP」するのと同じです）。

LES

far ポインタのロード（Load Far Pointer）。（レジスタの大きさに従って）ES レジスタに指定されたメモリアドレスから 16 あるいは 32 ビットをロードして、それから次の 16 ビットを DS にロードします。

LFS

far ポインタのロード（Load Far Pointer）。FS レジスタに指定されたメモリアドレスから 16 あるいは 32 ビットをロードして、それから次の 16 ビットを DS にロードします。

LGS

far ポインタのロード（Load Far Pointer）。GS レジスタに指定されたメモリアドレスから 16 あるいは 32 ビットをロードして、それから次の 16 ビットを DS にロードします。

LODS

ストリングからのロード（Load from String）。

LODSB

[DS:SI] か [DS:ESI] からの 1 バイトを AL にロードします。そして、SI か ESI をインクリメントするかデクリメントします。どちらを行うかは DF（ディレクションフラグ）によって決まります。DF がクリアされていればインクリメントされ、DF がセットされていればデクリメントされます。

アドレスサイズが 16 ビットの場合、レジスタ SI が使われ、アドレスサイズが 32 ビットの場合は ESI が使われます。現在の BITS 設定と等しくないアドレスサイズを使う必要がある場合、明示的な a16 あるいは a32 プリフィックスを指定します。

プリフィックスとしてセグメントレジスタ名を使うことで、ロードするために使うセグメントレジスタ（[SI] か [ESI]）をオーバーライドできます（例えば、「ES LODSB」）。

LODSD

[DS:SI] か [DS:ESI] からのダブルワードを EAX にロードします。そして、SI か ESI を 4 だけインクリメントするかデクリメントします。どちらを行うかは DF（ディレクションフラグ）によって決まります。DF がクリアされていればインクリメントされ、DF がセットされていればデクリメントされます。

アドレスサイズが 16 ビットの場合、レジスタ SI が使われ、アドレスサイズが 32 ビットの場合は ESI が使われます。現在の BITS 設定と等しくないアドレスサイズを使う必要がある場合、明示的な a16 あるいは a32 プリフィックスを指定します。

プリフィックスとしてセグメントレジスタ名を使うことで、ロードするために使うセグメントレジスタ（[SI] か [ESI]）をオーバーライドできます（例えば、「ES LODSB」）。

LODSW

[DS:SI] か [DS:ESI] からのワードを AX にロードします。そして、SI か ESI を 2 だけインクリメントするかデクリメントします。どちらを行うかは DF（ディレクションフラグ）によって決まります。DF がクリアされていればインクリメントされ、DF がセットされていればデクリメントされます。

アドレスサイズが 16 ビットの場合、レジスタ SI が使われ、アドレスサイズが 32 ビットの場合は ESI が使われます。現在の BITS 設定と等しくないアドレスサイズを使う必要がある場合、明示的な a16 あるいは a32 プリフィックスを指定します。

プリフィックスとしてセグメントレジスタ名を使うことで、ロードするために使うセグメントレジスタ（[SI] か [ESI]）をオーバーライドできます（例えば、「ES LODSB」）。

LOOP

カウンタ付きループ（Loop with Counter）。カウンタレジスタ（CX または ECX）を 1 だけデクリメントさせます。そして、この操作の結果としてカウンタがゼロにならない場合、指定されたラベルにジャンプします。ジャンプの範囲は 128 バイトです。

LOOPE

カウンタ付きループ（Loop with Counter）。カウンタレジスタ（CX または ECX）を 1 だけデクリメントさせます。そして、カウンタがゼロでなく、ゼロフラグがセットされている場合、指定されたラベルにジャンプします。ジャンプの範囲は 128 バイトです。

LOOPNE

カウンタ付きループ（Loop with Counter）。カウンタレジスタ（CX または ECX）を 1 だけデクリメントさせます。そして、この操作の結果としてカウンタがゼロでなくそしてゼロフラグがクリアされている場合、指定されたラベルにジャンプします。ジャンプの範囲は 128 バイトです。

LOOPNZ

カウンタ付きループ（Loop with Counter）。カウンタレジスタ（CX または ECX）を 1 だけデクリメントさせます。そして、この操作の結果としてカウンタがゼロでなくそしてゼロフラグがクリアされている場合、指定されたラベルにジャンプします。ジャンプの範囲は 128 バイトです。

LOOPZ

カウンタ付きループ（Loop with Counter）。カウンタレジスタ（CX または ECX）を 1 だけデクリメントさせます。そして、この操作の結果としてカウンタがゼロでなく、ゼロフラグがセットされている場合、指定されたラベルにジャンプします。ジャンプの範囲は 128 バイトです。

LSS

far ポインタのロード（Load Far Pointer）。SS レジスタに指定されたメモリアドレスから 16 あるいは 32 ビットをロードして、それから次の 16 ビットを DS にロードします。

MOV

ソースオペランドからデスティネーションオペランドまで値を移動します。

例： 値 0（ゼロ）を EAX レジスタに移動します。EAX レジスタの値は 0 になります。

```
movl    $0, %eax
```

MOVS

ストリングの移動（Move String）。

MOVSB

[DS:SI] か [DS:ESI] にあるバイトを [ES:DI] か [ES:EDI] にコピーします。それから、ディレクションフラグの状態に応じてインクリメントするかデクリメントします。どちらを行うかは DF（ディレクションフラグ）の内容によって決まります。DF がクリアされていればインクリメントされ、DF がセットされていればデクリメントされます。

アドレスサイズが 16 ビットである場合はレジスタ SI と DI が使われ、32 ビットである場

合は ESI と EDI が使われます。現在の BITS 設定と等しくないアドレスサイズを使う必要がある場合、明示的な a16 あるいは a32 プリフィックスを指定します。

セグメントレジスタ名をプリフィックスとして使うことによって、ロードするセグメントレジスタ（[SI] か [ESI]）をオーバーライドできます（例えば、ES MOVSB）。ES はオーバーライドできません。

MOVSW、MOVSD

バイトでなくワードやダブルワードをコピーすることと、インクリメントあるいはデクリメントするのが 1 ではなく 2 か 4 であることを除いて、MOVSB と同様に機能します。

REP プリフィックスを使って、命令を CX（アドレスサイズによっては ECX）回だけ繰り返すことができます。

MOVSD

[DS:ESI] にあるダブルワードを [ES:EDI] にコピーします。それから、ディレクションフラグの状態に応じて 4 だけインクリメントするかデクリメントします。どちらを行うかは DF（ディレクションフラグ）の内容によって決まります。DF がクリアされていればインクリメントされ、DF がセットされていればデクリメントされます。

アドレスサイズが 16 ビットである場合はレジスタ SI と DI が使われ、32 ビットである場合は ESI と EDI が使われます。現在の BITS 設定と等しくないアドレスサイズを使う必要がある場合、明示的な a16 あるいは a32 プリフィックスを指定します。

セグメントレジスタ名をプリフィックスとして使うことによって、ロードするセグメントレジスタ（[SI] か [ESI]）をオーバーライドできます（例えば、ES MOVSB）。ES はオーバーライドできません。

MOVSW

[DS:SI] か [DS:ESI] にあるワードを [ES:DI] か [ES:EDI] にコピーします。それから、ディレクションフラグの状態に応じてインクリメントするかデクリメントします。どちらを行うかは DF（ディレクションフラグ）の内容によって決まります。DF がクリアされていればインクリメントされ、DF がセットされていればデクリメントされます。

アドレスサイズが 16 ビットである場合はレジスタ SI と DI が使われ、32 ビットである場合は ESI と EDI が使われます。現在の BITS 設定と等しくないアドレスサイズを使う必要がある場合、明示的な a16 あるいは a32 プリフィックスを指定します。

セグメントレジスタ名をプリフィックスとして使うことによって、ロードするセグメントレ

ジスタ（[SI] か [ESI]）をオーバーライドできます（例えば、ES MOVSB）。ES はオーバーライドできません。

例： `movsd   %xmm0, -8(%rbp)`

MOVSX

符号付き、あるいはゼロ拡張付きのデータの移動（Move Data with Sign or Zero Extend）。デスティネーションオペランドの長さに、第 1 オペランドを符号拡張して、デスティネーションオペランドの中に結果をコピーします。

MOVZX

符号付き、あるいはゼロ拡張付きのデータの移動（Move Data with Sign or Zero Extend）。デスティネーションオペランドの長さに、第 1 オペランドをゼロ拡張して、デスティネーションオペランドの中に結果をコピーします。

MUL

符号なし整数の乗算（Unsigned Integer Multiply）。符号なし整数の掛け算の命令です。MUL は、符号なしの整数乗算を行います。乗算する他のオペランドとデスティネーションオペランドは、暗黙のうちに次のように決まります。

- MULB は、指定されたオペランドと AL が乗算され。結果は AX に保存されます。
- MULW は、指定されたオペランドが AX と乗算されます。結果は DX:AX に保存されます。
- MULL は、指定されたオペランドと EAX が乗算されます。結果は EDX:EAX に保存されます。

結果がオペランドに収まれば OF（オーバーフローフラグ）と CF（キャリーフラグ）は 0 になり、そうでなければ 1 になります。

参照： IMUL（符号付き整数乗算）

MULS

掛け算の SSE 命令。

例： `mulsd   -16(%rbp), %xmm0`

NEG

2の補数（Two's Complement）。そのオペランドの内容を、元の値の2の補数の否定で置き換えます（すべてのビットを反転して、次に1を加えます）。

NOP

何もしない（No Operation）。操作を何も行いませんが、「XCHG AX, AX」あるいは「XCHG EAX, EAX」と同じコードが生成されます。

NOT

1の補数（Two's and One's Complement）。そのオペランドの内容を、元の値の1の補数で置き換えます（すべてのビットを反転します）。

OR

ビットごとのOR(bitwise OR)。その2つのオペランドの間でビットごとのOR操作を行い（2個のビットの少なくとも一方が1なら、そのビットの結果は1になります）、結果をディスティネーションオペランドに保存します。

8ビットの即値の第1オペランドと16ビット以上の第2オペランドを伴う形式では、第1オペランドは符号付きとみなされて、第2オペランドの長さに符号拡張されます。

例： or　　ax, 4　　# AXと4のORを求める。

OUT

データのI/Oポートへの出力（Output Data to I/O Port）。OUTは、指定されたソースの内容を指定されたI/Oポートに書き込みます。ポート番号は、0から255の範囲の値であれば即値として指定し、そうでなければDXに保存します。
参照：IN

OUTSB

I/Oポートへのストリングの出力（Output String to I/O Port）。

POP

スタックからのデータのポップ（Pop Data from Stack）。スタックから値をロードして、次にスタックポインタをインクリメントします。

例： RBP レジスタの内容をスタックからポップします。
```
popq    %rbp
```

POPA

すべての汎用レジスタのポップ（Pop All General-Purpose Registers）。

スタックからのワードを、DI、SI、BP、どこにも保存しない（SP のためのプレースホルダーであるスタックからのワードを破棄します）、BX、DX、CX、AX の順にそれぞれにポップします。BIT32 のときには、ダブルワードを EDI、ESI、EBP、どこにも保存しない（ESP のためのプレースホルダー）、EBX、EDX、ECX、EAX に入れます。

この命令は、PUSHA の操作を反転する目的でありますが、PUSHA によってスタックにプッシュされた ESP のための値は無視されます。

POPAD

スタックからのダブルワードをポップして、結果を EDI、ESI、EBP、どこにも保存しない（ESP のためのプレースホルダー）、EBX、EDX、ECX、EAX に入れます。この命令は PUSHAD の操作の逆の操作です。

この命令は、PUSHAD の操作を反転する目的でありますが、PUSHAD によってスタックにプッシュされた ESP のための値は無視されます。

POPAW

スタックからのワードを、DI、SI、BP、どこにも保存しない（SP のためのプレースホルダーであるスタックからのワードを破棄します）、BX、DX、CX、AX の順にそれぞれにポップします。この命令は、PUSHAW の操作を反転する目的でありますが、PUSHAW によってスタックにプッシュされた SP のための値は無視されます。

POPF

フラグレジスタのポップ（Pop Flags Register）。

スタックからワードをポップして、それをフラグレジスタの下位 16 ビット（386 以下のプロセッサではフラグレジスタ全体）に保存します。BITS32 に設定されているときにはダブル

ワードをポップして、それをフラグレジスタ全体に保存します。

- POPFD は、スタックからダブルワードをポップして、それをフラグレジスタ全体に保存します。
- POPFW は、スタックからワードをポップして、それをフラグレジスタの下位 16 ビット（386 以下のプロセッサではフラグレジスタ全体）に保存します。

PUSH

スタックへのデータのプッシュ（Push Data on Stack）。

スタックポインタ（SP か ESP）を 2 または 4 だけデクリメントして、次に指定された値を [SS:SP] か [SS:ESP] に保存します。命令のアドレスサイズは、SP と ESP のどちらがスタックポインタとして使われるかによって決定します。意図的に BITS 設定で指定されたデフォルトをオーバーライドするためには、a16 あるいは a32 プリフィックスを使います。

PUSHA

すべての汎用レジスタのプッシュ（Push All General-Purpose Registers）。AX、CX、DX、BX、SP、BP、SI、DI を連続してスタックにプッシュし、スタックポインタを合計で 16 だけデクリメントします。BITS32 に設定されている場合は、EAX、ECX、EDX、EBX、ESP、EBP、ESI、EDI を順にスタックにプッシュし、スタックポインタを合計で 32 デクリメントします。

どちらの場合も、プッシュされた SP あるいは ESP の値は、命令が実行される前に持っていたオリジナルの値です。

参照：POPA

PUSHAD

すべての汎用レジスタのプッシュ（Push All General-Purpose Registers）。EAX、ECX、EDX、EBX、ESP、EBP、ESI、EDI を順にスタックにプッシュし、スタックポインタを合計で 32 デクリメントします。

プッシュされた ESP の値は、命令が実行される前に持っていたオリジナルの値です。

PUSHAW

すべての汎用レジスタのプッシュ（Push All General-Purpose Registers）。AX、CX、DX、BX、SP、BP、SI、DI を連続してスタックにプッシュし、スタックポインタを合計で 16 だけデクリメントします。

プッシュされた SP の値は、命令が実行される前に持っていたオリジナルの値です。

PUSHF

フラグレジスタのプッシュ（Push Flags Register）。フラグレジスタの下位 16 ビット（386 以下のプロセッサではフラグレジスタ全体）をスタックにプッシュします。BITS32 に設定されている場合は、フラグレジスタ全体をスタックにプッシュします。
参照：POPF

PUSH

スタックに値をプッシュ（積み上げ）します。
例： RBP レジスタの値をスタックにプッシュします。
```
    pushq    %rbp
```

[*]Q

サイズがクワッド（64 ビット）であることを表します。

Rn

R8 〜 R15。任意の目的に使うことができる拡張レジスタ。

RAX

64 ビットの値を扱うアキュムレータ。主に算術演算や操作の結果が保存されるレジスタです。

RBP

スタックベースポインタレジスタ。スタックのベースを指し示すのに使われます。

RBX

ベースレジスタ。セグメントモードでのDSに保存されたデータを指し示すために使われます。

RCL

キャリービットを通したビット単位のローテート（Bitwise Rotate through Carry Bit）。

指定された第2オペランドとキャリービットを含めて、17ビットか33ビットのビット単位の左ローテーション操作を行います。そのため、例えば、「RCL AL, 1」という操作では、ALが左に1だけシフトされて9ビットのローテーションが行われ、ALの最上位ビットはキャリーフラグの中に入り、キャリーフラグの元の値はALの下位ビットに保存されます。

ローテーションするべきビット数は第1オペランドで指定します。ローテーションカウントの下位5ビットだけが考慮されます。

CF（キャリーフラグ）にローテートによってあふれたビットが入れられます。

BYTEプリフィックスを使って、「RCL x, BYTE 1」を使うことができます。RCRも同様です。

RCR

キャリービットを通したビット単位のローテート（Bitwise Rotate through Carry Bit）。指定された第2オペランドとキャリービットを含めて、17ビットか33ビットのビット単位の右ローテーション操作を行います。

ローテーションするべきビット数は第1オペランドで指定します。ローテーションカウントの下位5ビットだけが考慮されます。

CF（キャリーフラグ）にローテートによってあふれたビットが入れられます。

BYTEプリフィックスを使って、「RCL x, BYTE 1」を使うことができます。RCRも同様です。

RCX

64ビットのカウンタレジスタ。シフトローテート命令とループ命令のカウンタ値の保存に使われます。

RDI

デスティネーションレジスタ。ストリーム操作でのデスティネーション（転送先）を指すポインタとして使われます。

RDX

データレジスタ。算術演算操作と I/O 操作に使われます。

RET

プロシージャコールからのリターン（Return from Procedure Call）。スタックから IP か EIP をポップして、新しいアドレスに制御を移します。オペランドを指定した場合、リターンアドレスをポップした後でさらに指定したバイト数だけスタックポインタをインクリメントします。

RETF

プロシージャコールからのリターン（Return from Procedure Call）。スタックから IP か EIP をポップして、新しいアドレスに制御を移します。オペランドを指定した場合、リターンアドレスをポップした後でさらに指定したバイト数だけスタックポインタをインクリメントします。

これは RET のエイリアスです。

RETN

プロシージャコールからのリターン（Return from Procedure Call）。far リターンを実行します。IP/EIP をポップした後で CS をポップして、オペランドで指定された量だけスタックポインタをインクリメントします。

RIP

命令ポインタ。命令を指しています。

ROL

ビット単位のローテート（Bitwise Rotate）。指定された第 2 オペランドに対してビットごとの左ローテーション操作を行います。あふれたビットが CF（キャリーフラグ）に入れられます。ただし 2 ビット以上シフトした場合、CF は不定です。そのため、例えば、「ROL AL, 1」という操作は、8 ビットのローテーションが行われ、AL が左に 1 だけシフトされて、AL のオリジナルの最上位ビットが下位ビットに移動します。

ローテートするビット数は第1オペランドで指定します。8086以上のプロセッサではこのうちの5ビットだけが考慮されます。

BYTEプリフィックスを付けた「ROL x, BYTE 1」の形式を使うことができます。

ROR

ビット単位のローテート（Bitwise Rotate）。指定された第2オペランドに対してビットごとの右ローテーション操作を行います。あふれたビットがCF（キャリーフラグ）に入れられます。ただし2ビット以上シフトした場合、CFは不定です。

ローテートするビット数は第1オペランドで指定します。8086以上のプロセッサではこのうちの5ビットだけが考慮されます。

BYTEプリフィックスを付けた「ROR x, BYTE 1」の形式を使うことができます。

RSDC

セグメントレジスタとデスクリプタのリストア（Restore Segment Register and Descriptor）。mem80からセグメントレジスタ（DS、ES、FS、GS、あるいはSS）を復元して、そのデスクリプタをセットアップします。

RSI

ソースレジスタ。ストリーム操作でのソースへのポインタとして使われます。

RSLDT

ローカルデスクリプタのリストア（Restore Local Descriptor）。オペランドで指定されたメモリからローカルデスクリプタテーブル(Local Descriptor Table、LDTR)をリストアします。

RSP

スタックポインタレジスタ。スタックのトップを指し示すポインタ。

RSTS

TSRとデスクリプタのリストア（Restore TSR and Descriptor）。オペランドで指定されたメモリからタスクステートレジスタ(Task State Register、TSR)をリストアします。

[*]S

サイズがショート（16ビット）整数または単精度（32ビット）浮動小数点数であることを表します。

SAHF

AHのフラグへの保存（Store AH to Flags）。AHレジスタの内容に従ってフラグワードのローバイトを設定します。AHレジスタの内容が「SF:ZF:0:AF:0:PF:1:CF」に入れられます。
参照：LAHF

SAL

ビットごとの算術シフト（Bitwise Arithmetic Shifts）。SALはSHLと同じ機能のエイリアスです。指定された第2オペランドに対して算術左シフト操作を行います。シフトして空いたビットにはゼロが埋められます。あふれたビットはCF（キャリーフラグ）に入れられます。ただし2ビット以上シフトした場合、CFは不定です。

シフトするビット数は第1オペランドで指定します。8086以上のプロセッサではこの値の下位の5ビットだけが考慮されます。

バイトの値をシフトするためには、BYTEプリフィックスを付けた「SAL x, BYTE 1」を使います。

SAR

ビットごとの算術シフト（Bitwise Arithmetic Shifts）。指定された第2オペランドに対して算術右シフト操作を行います。シフトして空いたビットには、ソースオペランドの元の最上位ビットのコピーが埋められます。あふれたビットはCF（キャリーフラグ）に入れられます。ただし2ビット以上シフトした場合、CFは不定です。

シフトするビット数は第1オペランドで指定します。8086以上のプロセッサではこの値の下位の5ビットだけが考慮されます。

SBB

ボロー付き減算（Subtract with Borrow）。整数の引き算を行います。第2オペランドから、キャリーフラグの値を足した第1オペランドを引いて、結果を第2オペランドに保存します。

フラグは操作の結果に従ってセットされます。特に、キャリーフラグは影響を受け、次のSBB命令で使うことができます。

8ビットのイミディエイト第1オペランドと16ビット以上の第2オペランドを伴う形式では、第1オペランドは符号付きとみなされて、第2オペランドの長さに符号拡張されます。
参照：SUB（キャリーフラグの内容を引かない減算）

SCAS

ストリングのスキャン（Scan String）。

SCASBは、[ES:DI] か [ES:EDI] にあるバイトとALのバイトを比較して、その結果に従ってフラグをセットします。それからDI（あるいはEDI）をインクリメントするかデクリメントします。どちらを行うかはDF（ディレクションフラグ）の内容によって決まります。DFがクリアされていればインクリメントされ、DFがセットされていればデクリメントされます。

アドレスサイズが16ビットの場合はレジスタDIが使われ、32ビットである場合はEDIが使われます。現在のBITS設定と等しくないアドレスサイズを使う必要がある場合、明示的なa16あるいはa32プリフィックスを指定します。

REPEとREPNEプリフィックスを指定して、CX回だけ（あるいはアドレスサイズによってはECX回だけ）最初の等しくない（あるいは等しい）バイトが見つかるまで命令を繰り返すことができます。

SCASD

[ES:EDI] にあるダブルワードとEAXのダブルワードを比較して、その結果に従ってフラグをセットします。それからEDIを4だけインクリメントするかデクリメントします。どちらを行うかはDF（ディレクションフラグ）の内容によって決まります。DFがクリアされていればインクリメントされ、DFがセットされていればデクリメントされます。

REPEとREPNEプリフィックスを指定して、CX回だけ（あるいはアドレスサイズによってはECX回だけ）最初の等しくない（あるいは等しい）ダブルワードが見つかるまで命令を繰り返すことができます。

SCASW

[ES:DI] か [ES:EDI] にあるワードとAXのワードを比較して、その結果に従ってフラグをセットします。それからDI（あるいはEDI）を2だけインクリメントするかデクリメントします。どちらを行うかはDF（ディレクションフラグ）の内容によって決まります。DFがクリアされていればインクリメントされ、DFがセットされていればデクリメントされます。

アドレスサイズが 16 ビットの場合はレジスタ DI が使われ、32 ビットである場合は EDI が使われます。現在の BITS 設定と等しくないアドレスサイズを使う必要がある場合、明示的な a16 あるいは a32 プリフィックスを指定します。

REPE と REPNE プリフィックスを指定して、CX 回だけ（あるいはアドレスサイズによっては ECX 回だけ）最初の等しくない（あるいは等しい）バイトが見つかるまで命令を繰り返すことができます。

SETcc

状態に応じたレジスタの設定（Set Register from Condition）。状態が満足されていれば指定された 8 ビットのオペランドをゼロにセットし、満足されていなければ 1 をセットします。cc は状態を表します。

参照：Jxx

SHL

ビット単位の論理シフト（Bitwise Logical Shifts）。指定された第 2 オペランドで論理左シフト操作を行います。シフトされて空いたビットはゼロで満たされます。あふれたビットは CF（キャリーフラグ）に入れられます。ただし 2 ビット以上シフトした場合、CF は不定です。

SHL は SAL のエイリアス（別名）です。

シフトするビット数は第 1 オペランドで指定します。8086 以上のプロセッサでは、この値の下位 5 ビットだけが考慮されます。

例： `shr   ax, 1`   # AXレジスタの値を下位に1ビット移動する。

SHLD

ビット単位の倍精度シフト（Bitwise Double-Precision Shifts）。倍精度の左シフトを行います。この命令は第 1 オペランドを第 2 オペランドの右に置き、それからビット列全体をシフトして、3 番目のオペランドで指定された量だけ左に移動します。この結果に従って第 2 オペランドだけを変更します。第 1 オペランドは変更されません。

例えば、EAX が 0x01234567 であり、EBX が 0x89ABCDEF である場合、命令「SHLD EAX, EBX, 4」を実行すると、EBX は 0x12345678 になります。

シフトするビット数は 3 番目のオペランドで指定します。シフトカウントの下位 5 ビットだけが考慮されます。

SHR

ビット単位の論理シフト（Bitwise Logical Shifts）。指定された第2オペランドで論理右シフト操作を行います。シフトされて空いたビットはゼロで満たされます。あふれたビットはCF（キャリーフラグ）に入れられます。ただし2ビット以上シフトした場合、CFは不定です。

符号ビット（最上位ビット）は変化しません。

シフトするビット数は第1オペランドで指定します。8086以上のプロセッサでは、この値の下位5ビットだけが考慮されます。

SHRD

ビット単位の倍精度シフト（Bitwise Double-Precision Shifts）。倍精度の右シフトを行います。この命令は第1オペランドを第2オペランドの左に置き、それからビット列全体を右にシフトして、3番目のオペランドで指定された量だけ右に移動します。この結果に従って第2オペランドだけを変更します。第1オペランドは変更されません。

例えば、EAXが0x01234567であり、EBXが0x89ABCDEFである場合、「SHRD EAX, EBX, 4」を実行すると、EAXは0xF0123456になります。

シフトするビット数は3番目のオペランドで指定します。シフトカウントの下位5ビットだけが考慮されます。

SI

ソースインデックスレジスタ。ストリーム操作でのソースへのポインタとして使われます。

ST

FPUのスタック。FPUの命令は汎用レジスタを使わず、スタック（ST）に値を保存します。スタックは8個まで値を保存でき、それぞれST(0)〜ST(7)と呼びます。st(0)〜st(7)と表記することもあり、また特にST(0)を単にSTと表記することがあります。

SUB

整数の引き算を行います。これは、ソースの値から、デスティネーションの値を引きます。結果はEAXレジスタに保存されます。

例： `subl    -8(%rbp), %eax    ; RBP-8の値からEAXの値を引く`

STC

キャリーフラグのセット（Set Flags）。キャリーフラグをクリアするためには、CLC を使ってください。キャリーフラグを逆転するためには CMC を使ってください。

STD

ディレクションフラグのセット（Set Flags）。ディレクションフラグをクリアするためには、CLD を使ってください。

STI

割り込みフラグのセット（Set Flags）。割り込みフラグをセットします（それで割り込みが可能になります）。割り込みフラグをクリアするためには、CLI を使ってください。

STOS

ストリングへの保存（Store data to String）。

STOSB

AL にあるバイトを、[ES:DI] に保存し、その結果に応じてフラグをセットします。それから DI（あるいは EDI）をインクリメントするかデクリメントします。どちらを行うかは DF（ディレクションフラグ）の内容によって決まります。DF がクリアされていればインクリメントされ、DF がセットされていればデクリメントされます。

アドレスサイズが 16 ビットである場合はレジスタ DI が使われ、32 ビットである場合は EDI が使われます。現在の BITS 設定と等しくないアドレスサイズを使う必要がある場合、明示的な a16 あるいは a32 プリフィックスを指定します。

REP プリフィックスを使って、命令を CX 回（アドレスサイズによっては ECX 回）だけ繰り返すことができます。

STOSD

EAX にあるダブルワードを、[ES:EDI] に保存し、その結果に応じてフラグをセットします。それから EDI を 4 だけインクリメントするかデクリメントします。どちらを行うかは DF（ディレクションフラグ）の内容によって決まります。DF がクリアされていればインクリメントされ、DF がセットされていればデクリメントされます。

REP プリフィックスを使って、命令を CX 回（アドレスサイズによっては ECX 回）だけ繰り返すことができます。

STOSW

AX にあるバイトを、[ES:EDI] に保存し、その結果に応じてフラグをセットします。それから DI（あるいは EDI）を 2 だけインクリメントするかデクリメントします。どちらを行うかは DF（ディレクションフラグ）の内容によって決まります。DF がクリアされていればインクリメントされ、DF がセットされていればデクリメントされます。

REP プリフィックスを使って、命令を CX 回（アドレスサイズによっては ECX 回）だけ繰り返すことができます。

SUB

整数の除算（Subtract Integers）。第 2 オペランドの値から第 1 オペランドの値を引いて、第 2 オペランドに結果を保存します。フラグは操作の結果に従ってセットされます。特に、キャリーフラグは影響を受け、次の SBB 命令で使うことができます。

8 ビットの即値の第 1 オペランドと 16 ビット以上の第 2 オペランドを伴う形式では、第 1 オペランドは符号付きとみなされて、第 2 オペランドの長さに符号拡張されます。

例： `sub    cx, 40      # CXから40を引く。`

SVDC

セグメントレジスタとデスクリプタの保存（Save Segment Register and Descriptor）。セグメントレジスタ（DS、ES、FS、GS、あるいは SS）とそのデスクリプタを mem80 に保存します。

SVLDT

LDTR とデスクリプタの保存（Save LDTR and Descriptor）。オペランドで指定されたメモリにローカルデスクリプタテーブル（Local Descriptor Table、LDTR）を保存します。

SVTS

TSR とデスクリプタの保存（Save TSR and Descriptor）。オペランドで指定されたメモリにタスクステートレジスタ（Task State Register、TSR）を保存します。

SP

スタックポインタレジスタ。スタックのトップを指し示すポインタ。

[*]T

サイズが 10 バイト（80 ビット）浮動小数点数であることを表します。

TEST

ビットのテスト（Test Bits）。2 つのオペランドのビットごとの AND 操作を実行して、AND 操作が起きたかのように、フラグをセットしますが、操作の結果はどこにも保存しません。

UD0

未定義命令（Undefined Instruction）。テストを目的として、無効なオペコード例外を生成するために使うことができます。特に AMD によってこの目的のためにリザーブされていると文書化されています。

すべての現在利用可能なプロセッサで無効なオペコード例外を生成するために使うことができます。

UD1

未定義命令（Undefined Instruction）。テストを目的として、無効なオペコード例外を生成するために使うことができます。UD1 は、Intel によってこの目的について応対可能であると文書化されています。

すべての現在利用可能なプロセッサで無効なオペコード例外を生成するために使うことができます。

UD2

未定義命令（Undefined Instruction）。テストを目的として、無効なオペコード例外を生成するために使うことができます。特に Intel によってこの目的のために予約されると文書化されています。Intel はこの方法を無効なオペコード例外を生成するための望ましい方法であるとしています。

すべての現在利用可能なプロセッサで無効なオペコード例外を生成するために使うことがで

きます。

[*]W

サイズがワード（16 ビット）であることを表します。

WAIT

浮動小数点プロセッサのウェイト（Wait for Floating-Point Processor）。

WBINVD

書き戻しとキャッシュの無効化（Write Back and Invalidate Cache）。
プロセッサの内部キャッシュを無効にして空にし、外部キャッシュに同じことをするようプロセッサに命令します。この命令は最初にメモリにキャッシュの内容を書き込むので、データは失われません。最初にデータを書き戻す必要がなく素速くキャッシュをクリアするためには、INVD を使ってください。

WRSHR

SMM ヘッダーポインタレジスタの書き込み（Write SMM Header Pointer Register）。SMM ヘッダーポインタレジスタに 32 ビットのメモリあるいは 32 ビットのレジスタの内容をロードします。
参照：RDSHR

XADD

交換と加算（Exchange and Add）。2 つのオペランドの値を交換し、次にそれらを加えて、結果をデスティネーションオペランドに書き込みます。この命令はマルチプロセッサの同期のために LOCK プリフィックスを付けて使うことができます。

XCHG

交換（Exchange）。2 つのオペランドの値を交換します。この命令はマルチプロセッサの同期のために LOCK プリフィックスを付けて使うことができます。

XLATB

ルックアップテーブルの中のバイトの翻訳変換（Translate Byte in Lookup Table）。AL の値を符号なしのバイトとして取り扱って、BX あるいは EBX に加えて、DS で指定されたセグメントの AL に結果として生じているアドレスからバイトをロードします。

アドレスサイズが 16 ビットの場合はベースレジスタ BX が使われ、32 ビットである場合は EBX が使われます。現在の BITS 設定と等しくないアドレスサイズを使う必要がある場合、明示的な a16 あるいは a32 プリフィックスを指定します。

XOR

ビットごとの排他的 OR（Bitwise Exclusive OR）。2 つのオペランドの間でビットごとの XOR を行い（すなわち 2 個のビットの片方だけが 1 である場合に結果のビットを 1 にします）、結果をデスティネーションオペランドに保存します。

XMM

拡張された 128 ビットレジスタ。XMM0 〜 XMM15 までの 16 個あります。

付録B gccとg++

ここでは、GNUの開発ツールのうち、本書で使用したCとC++のコンパイラであるgccとg++の基本的な使い方について説明します。

C言語プログラムをコンパイルする最も基本的なコマンドラインは次のようにします。

```
gcc -o out source.c
```

outは生成される実行可能ファイルの名前です。Windowsでは拡張子.exeが付けられます。指定しない場合は、LinuxなどのUNIX系OSではa.outになり、Windowsではa.exeになります。source.cはC言語のソースファイルの名前です。

C++のプログラムをコンパイルする最も基本的なコマンドラインは次のようにします。

```
g++ -o out source.cpp
```

outは生成される実行可能ファイルの名前で、C言語のときと同じです。source.cppはC++プログラムのソースファイルの名前です。

デバッグ

生成するコードにデバッグ情報を付加するときには、オプション -g を付けます。

```
gcc -g -o out source.c

g++ -g -o out source.cpp
```

gdb を使うときにはこのオプションを付けてコンパイルします。gdb で使うことを明示的に指定する場合はオプション -ggdb を指定します。このオプションを指定すると、可能な場合は gdb の拡張を使うことができます。

```
g++ -ggdb -o out source.cpp
```

最適化

オプション -Og を付けることで、デバッグ用に最適化されたコードを生成することができます。

その他、-O で始まるオプションを指定することで最適化の方法を指定することができます。また、-f で始まるオプションを指定することで最適化に関して細かく指定することができます。詳しくは man gcc を参照してください。

FPU

オプション -mfpmath=387 を指定することで、実数演算に数値演算プロセッサ (387) を使うコードを生成することができます。

```
gcc -S -mfpmath=387 rplusminus.c
```

標準

オプション -ansi を付けることで、ソースファイルを ANSI C または ANSI C++ として知られている標準に適合するものとしてコンパイルします（適合しない部分はエラーまたは警告として報告されます）。-ansi は C 言語の場合は次に示す -std=c90 と同じ、C++ では -std=c++98 と同じです。

オプション -std には、他にも次の表に示す標準を指定できます。

表B.1 ● オプション-stdに指定できる値

値	意味
"c90"	ISO C 1990
"c89"	ISO C 1989
"iso9899:1990"	ISO C 1990
"iso9899:199409"	ISO C 1994
"iso9899:1999"	ISO C 1999（C9X）
"c99"	ISO C 1999（C9X）
"iso9899:199x"	ISO C 1999（C9X）
"c9x"	ISO C 1999（C9X）
"iso9899:2011"	ISO C 2011（C1X）
"c11"	ISO C 2011（C1X）
"c1x"	ISO C 2011（C1X）
"gnu90"	ISO C 1990 の GNU 拡張（C 言語のデフォルト）
"gnu89"	ISO C 1990 の GNU 拡張
"gnu99"	ISO C 1999 の GNU 拡張
"gnu9x"	ISO C 1999 の GNU 拡張
"gnu11"	ISO C 2011 の GNU 拡張
"gnu1x"	ISO C 2011 の GNU 拡張
"c++98"	ISO C++ 1998 修正版
"gnu++98"	ISO C++ 1998 の GNU 拡張（C++ のデフォルト）

アセンブラ

オプション -S を付けることによって、C 言語のソースプログラムからアセンブリ言語プログラムのソースを生成することができます。

大きな C 言語のプログラム全体をアセンブリ言語プログラムのソースに変換して検討することは現実的ではありませんが、問題がある関数 1 つを取り出して C 言語のソースプログラムとし（拡張子が .c のファイルにし）、アセンブリ言語プログラムのソースに変換して検討すると効率的です。

■ **著者プロフィール**

日向 俊二（ひゅうが・しゅんじ）

フリーのソフトウェアエンジニア・ライター。前世紀の中ごろにこの世に出現し、FORTRAN や C、BASIC でプログラミングを始め、その後、主にプログラミング言語とプログラミング分野での著作、翻訳、監修などを精力的に行う。わかりやすい解説が好評で、現在までに、C 言語、C#、C++、Java、Visual Basic、XML、アセンブラ、コンピュータサイエンス、暗号などに関する著作多数。

プログラムの不思議を解く
実力派プログラマのための教養としてのアセンブラ入門

2016 年 9 月 10 日　　初版第 1 刷発行

著　者	日向 俊二
発行人	石塚 勝敏
発　行	株式会社 カットシステム
	〒 169-0073 東京都新宿区百人町 4-9-7　新宿ユーエストビル 8F
	TEL （03）5348-3850　　　FAX （03）5348-3851
	URL　http://www.cutt.co.jp/
	振替　00130-6-17174
印　刷	シナノ書籍印刷 株式会社

本書に関するご意見、ご質問は小社出版部宛まで文書か、sales@cutt.co.jp 宛に e-mail でお送りください。電話によるお問い合わせはご遠慮ください。また、本書の内容を超えるご質問にはお答えできませんので、あらかじめご了承ください。

■ 本書の内容の一部あるいは全部を無断で複写複製（コピー・電子入力）することは、法律で認められた場合を除き、著作者および出版者の権利の侵害になりますので、その場合はあらかじめ小社あてに許諾をお求めください。

Cover design　Y.Yamaguchi　　© 2016 日向俊二
Printed in Japan　ISBN978-4-87783-406-7